基础外语教育理论与实践丛书

上海市英语教育教学研究基地重点科研项目成果

U0783593

栉风沐雨，春华秋实

—— 上海市英语特级教师风采录

主 编 束定芳 朱 彦 吴晓燕

上海外语教育出版社

外教社 SHANGHAI FOREIGN LANGUAGE EDUCATION PRESS

www.sflep.com

图书在版编目(CIP)数据

栉风沐雨,春华秋实:上海市英语特级教师风采录 / 束定芳,朱彦,吴晓燕主编. —上海:上海外语教育出版社,2018

(基础外语教育理论与实践丛书)

ISBN 978-7-5446-5126-4

Ⅰ.①栉… Ⅱ.①束… ②朱… ③吴… Ⅲ.①英语课–教学研究–中小学 Ⅳ.①G633.412

中国版本图书馆 CIP 数据核字(2018)第 004404 号

出版发行:上海外语教育出版社

（上海外国语大学内） 邮编:200083

电　　话:021–65425300（总机）

电子邮箱:bookinfo@sflep.com.cn

网　　址:http://www.sflep.com.cn　　http://www.sflep.com

责任编辑: 权　锋

印　　刷: 上海华业装璜印刷厂有限公司

开　　本: 890×1240　1/32　印张 7　字数 214 千字

版　　次: 2018年 1月第 1版　　2018年 7月第 2次印刷

印　　数: 1 300 册

书　　号: ISBN 978-7-5446-5126-4 / G

定　　价: 39.00 元

本版图书如有印装质量问题,可向本社调换

质量服务热线:4008-213-263　电子邮箱:**editorial@sflep.com**

前　言

　　上海的基础外语教学在全国是领先的。这不仅因为上海是个国际大都市，学习外语的条件好，家长重视外语，更因为上海有一支优秀的外语教师队伍。这支队伍中，最耀眼的无疑是那数十位特级教师。

　　自2016年7月上海市教委批准上海外国语大学成立"上海市英语教育教学研究基地"后，我就有一个很明确的指导思想：要充分开发和利用好上海市这一批特级教师和名师的宝贵资源，最大限度地发挥他们的示范和辐射作用。基地的三大工作重点：制定课标、开发教材和教师培训，应该在充分征求他们的建议和在他们的支持下展开。基地的工作宗旨和目标是推动上海市的基础外语教育，为广大的外语教师服务，为提高上海市外语教育整体质量服务。但要做好这项工作，必须首先全面深入了解上海市外语教学的现状和发展过程。而要真正了解并走进上海的外语教育，必须充分依靠这些特级教师和名师的帮助和支持。

　　为此，我们做了三项工作。第一，基地甫获批成立，我们即邀请了20多位上海市英语特级教师到基地进行了第一次座谈，听取他们对上海市外语教育现状和存在问题的介绍，以及对基地工作的建议。第二，向特级教师们征稿，请他们介绍自己学习外语的经历，介绍自己成为外语教学名师的成长过程，梳理、总结自己的外语教学理念和教学特色；第三，由基地组织高校外语教学研究人员，对20多位特级教师进行深度访谈，听取他们对上海市基础阶段外语教学目标、课程建设、教材开发、教师培训、教学评估和测试等方面的意见和建议。

　　本书就是我们做的第二项工作的成果。由于时间紧、联系不便等因素，未能联系到所有的英语特级教师为本项目撰稿。但是，呈现在这本书里面的，也基本代表了上海市英语特级教师的老中青三代共同的经历和风貌，展示了他们的风采，体现了上海中小学外语教师的最高水平。

16篇风采录，我一篇一篇读下来，心中充满了感动和感慨。感动，每位老师都在他们的文字中流露了真情，用朴实的文字真实地描述了他们的成长之路和心路历程，我被他们的真诚感动。感慨，"钢铁"的炼成果然历经"千辛万苦"，鲜花和掌声的背后他们付出了常人难以想象的艰辛和坚持。

读完这16篇文字，我们可以发现，尽管每位特级教师的成长经历不完全相同，但他们的成功背后有很多相似的特点：

（1）大爱。对英语语言本身的热爱，扎实的语言基本功；对教师职业的热爱；对学生的关爱。

（2）机遇。他们在人生和职业生涯不同的阶段遇到了好老师、好领导、好同事。他们之所以把握了这些机遇，因为他们是"有准备的人"。

（3）磨炼。一次次精心的备课，无数次公开课和教研活动的磨炼。

（4）反思。不断反思和总结感性经验，学习最新的外语教学理论，撰写教学论文。

（5）分享。在帮助和指导别人、与人分享成功经验的同时，不断提升自己。

以上这些共同点也可以说就是这些特级教师和名师们的"成功秘诀"。我相信，这些文字不但可以成为我们青年外语教师绝好的成长宝典，也是我们总结中国特色外语教学成功经验，提炼中国外语教学理论的优秀案例和宝贵素材。

当然，我们编辑此书的另外一个目的，就是为这些老师"树碑立传"，展示他们的风采，弘扬他们的精神，褒奖他们的成就，搭建更大的舞台，与台下更多的观众互动，让更多的台下年轻观众逐渐成为台上的人物。

束定芳

2017年11月

目　录

项目介绍

聆听特级教师的声音，领略英语教学的魅力

"上海市英语特级教师风采录"为上海市英语教育教学研究基地2016年重点项目——"上海基础教育英语教学名师工程"的重点课题之一。国内外课程改革实践与研究均告诉我们，英语教师的素养是决定课程改革能否成功推进的关键因素。英语特级教师是师德高尚的楷模，是优秀实践的标杆，是同行同事的领头羊，更是学科教改中攻坚克难的排头兵。他们有力地推动着上海市基础阶段英语教育向前发展，是上海教育界的宝贵财富。

本项目采用教师叙事的研究方法，邀请上海市小学、初中、高中阶段的英语特级教师撰写往事回忆录，通过再现特级教师从英语学习者成长为英语名师的历程，提炼出彰显上海教育特色的宝贵经验和实践智慧。

参与本项目撰稿的共有16名上海市中小学特级教师，其中既有年富力强的中青年教师，也有退休多年，但仍然关心上海市基础教育的资深教师。老师们用真挚的情感、细腻的笔触描述了他们学习英语，成为教师，不断成长为名师的宝贵经历，从而为深化上海市基础教育英语课程改革，为上海市乃至全国的英语教师专业发展提供重要参考。在此，我们向参与该项目的各位老师表达最诚挚的谢意！

本项目的顺利开展离不开上海市教委，教研室及其英语学科教研员，各区县教研室及其英语学科教研员，以及英语教育教学基地各合作学校的关心和厚爱。此外，上海外国语大学、复旦大学、同济大

学等高校的专家老师对本项目给予了大力支持,他们审读了初稿,提出不少宝贵意见。这些老师是(排名不分先后,按姓氏笔画顺序排列):王蓓蕾、朱彦、米保富、杨红燕、吴晓燕、张立飞、范劲松、钱晶晶、唐树华、潘鸣威。本课题组对他们的支持致以真诚的谢意!

（照片右一为余正）

余正老师简介

余正，男，浙江绍兴人，1945年3月生于上海。1964年高中毕业，同年考入复旦大学外文系英美语言文学专业。毕业后，先后任教于安徽省蚌埠市第二中学、上海市新疆中学、新中中学、徐汇区教师进修学院、上海师资培训中心。1999年被评为上海市英语特级教师。

主要社会兼职：

1998年至2000年担任上海市中小学幼儿园市级骨干教师（校长）培养工程导师；2003年和2006年任上海市中小学双语教学实验学校审核委员；2003年至2005年任全国教育科学"十五"规划教育部重点课题"学前双语教育师资培训研究"总课题组专家；2004年至2009年任华东师范大学外语学院英语系英语教育硕士学位论文答辩委员会委员；1995年至2009年担任上海市中青年教师教学评选活动小学英语学科评委；2002年至2015年任上海市英语新教材青年教师教学展评活动小学组评委；2010年至今担任上海市教育学会中小学外语教学专业委员会、教学指导委员会委员，上海市教师学研究会英语教师专业委员会专家组组员。

法无定法，然后知非法法也

1945年3月，我生于上海。上小学的那几年（1952—1958），学校未开设外语学科。中学（1958—1964）英语有点儿像物理、化学，是每周几个课时的一门学科知识课。教材按学生的认知规律编写，教师在三尺讲台上由浅入深地向我们讲授英语的基础知识。师生都没把英语当成类似于母语的一种语言来开展教学活动。

凡事皆有利有弊。这种教材教法的"利"，在于它作为一门学科知识，符合学生的认知规律。例如，教师在教"特殊疑问句"时，在讲清了基本概念和句子结构后，会用"对下列句子的划线部分提问"这样的习题让我们练习。我们很快就能找到做这类习题的窍门：若划线部分是陈述句的主语，就用疑问词加以取代，然后加上陈述句的其他部分，再将句号改成问号即可。若划线部分不是主语，则先将陈述句改成一般疑问句，再用疑问词取代划线部分并置于句首即可。由于学生在学"特殊疑问句"之前，已经掌握了陈述句的肯定式、否定式和一般疑问句，在此基础上学习"特殊疑问句"就是水到渠成的事了。当英语被设定为一门学科知识课，每周只有区区几个课时，英语口语的输入量（听）、输出量（说）明显不足，缺乏英语语言环境（家庭环境、校园环境、社会环境）的情况下，能让学生"知其然"并"知其所以然"地掌握英语的基础知识，为日后进一步学习打下一个良好的基础，似不失为一种可取的教学方法。

这种教法的"弊"，在于它未将英语当做一种语言来开展教学活动,不符合人们"习得"、"学得"语言的规律。因此,学生英语"听说"能力差,运用英语进行口头交际的能力弱。

1964 年,我高中毕业,同年考取了复旦大学外文系英美语言文学专业。考入复旦大学,我当然高兴,但又有点担心,因为与父母和哥哥相比,我的英语口语差得很远。当我用英语与他们交谈时,一旦说出"并列复合句"之类的长句子,哥哥会笑着对我说:"酒,一壶乎?两壶乎?""菜,一碟乎? 两碟乎?"意思是,我说的不是口语,是书面语言。但我当时觉得他和母亲的英语口语好没啥稀奇。家母 1927 年毕业于北平培华女子中学(一所著名的教会中学)。哥哥毕业于上海圣·约翰中学(也是一所著名的教会中学)。家母曾对我说过,培华女中是寄宿制学校,学生每周六中午回家,周日晚返校。学生进了校门即不准说汉语(除每周几个课时的"国文"课外)。英文课和英文文法课是英语语言教学,英语还是其他各门学科(除"国文"课)的教学语言。这样,英语作为"语言教学"加上"教学语言",每周共有三十几个课时。即便在课余时间,学生在校园里也只准说英语,英语几乎取代了母语。在培华女中,学生就生活在英语的语境中,短短几年所取得的教学效果似乎优于现今从小学到大学(非英语专业)毕业的教学效果。哥哥学英语的情况与母亲差不多。令我困惑的是家父于 1927 年去美国哈佛大学读研,1929 年即获得了哈佛大学的细菌学博士学位。他 16 岁(1919)毕业于北京师范大学附属中学,同年考入北平医学专科学校(家父在读期间该校并入北京大学,成为北大医学院)。北京师范大学附属中学是一所国立学校,英语是一门每周仅几课时的学科知识课,北京大学医学院的英语属公共外语,依然是每周几个课时的一门学科。家父大学毕业后留校任助教,1927 年赴美,未进过语言学校,在哈佛大学跳过硕士,直接在 1929 年获得博士学位。难道他的英语口语能毫无困难地与导师交流吗? 困惑!

我进复旦大学外文系后,方知仰慕已久的英语名家,《英语惯用法词典》的编者葛传椝教授竟然连中学也没读完,更未出国留学,是一位自学成才的学者。先生早年曾给 Henry W. Fowler 去过一信,对他的《简明牛津英语词典》提出质疑。Fowler 先生当即回信,对如此熟知英语惯用法,却并非英国人的葛先生大加赞扬。葛先生顿时声名鹊起,愈加致力于钻研英语惯用法,最终成了享誉海内外的英语惯用法大家。我第一次听说此事是 1964 年刚进复旦外文系不久,当时就像听说有个英国人在汉语词典里挑出了毛病一样,感到不可思议。葛先生英语惯用法了不起,"accuracy"自不待言,可他在国内自学成才,一口英语怎能如此"fluent"呢?困惑!

当时外文系有几位研究生:陆谷孙、翟象俊、夏小川等,他们在读研的第三年给一年级新生兼一些课。他们都是 1957 年高中毕业并考取复旦大学的(那时教会中学早就不存在了),他们在复旦读大学、读研究生时也没有机会去英美等国家进修,但他们的英语口语也很棒。

过了不久,我又听说马克思会说二十几种外语(估计都是拼音文字)。我当时就想,马克思若主要生活在德国,哪里会有二十几种外语的语言环境呢?莫非他先后去了二十几个国家?困惑!以上这些困惑伴随我度过了学生时代,直到从事中小学英语教师培训工作后,才有所感悟。

学生时代结束了,我成了一名中学英语教师。学生时代的结束不是学习的结束,而是第二阶段学习的开始。其关键词是:自主、多思。子曰:"学而不思则罔,思而不学则殆。"法国哲学家笛卡尔说过:"我思故我在。"学与思是不可分的,但在不同的学习阶段,"学"与"思"所占的比例却有所不同。第二阶段的"思"明显增多了。在第二阶段的学习过程中,有几件事给我留下了深刻的印象。

第一件事。1978 年上海市教育局教学处与上海教育学院联合举办了"文化大革命"结束后上海市第一期由两位美国纽约大学教授执教的中学英语教师进修班(脱产 4 个月)。在我班执教的是 Dutra 教授。她为我们讲授"商讨式教学法"(与欧共体的"交际法"相似)。这是一种以体现语言的交际功能为纲的教学法,确有先进性。但当年上海大多数中学的办学条件与美国的中学有明显差距,主要体现在班级学生数(美国的中学 18 人,上海的中学 60 多人),英语师资(当时"文革"结束还不到两年,上海的中学英语教师中有部分中学毕业生)以及英语的语言环境等。我们当时采用的以讲授英语基础知识为主的传统教法似更易操作,更有实践性。当时我觉得全盘接受"商讨式教学法"不大可能，该教学法中的"小组探究""角色扮演"等课堂教学模式只适合小班化教学，难以在60多名学生的教室里实施。但"句子合并"（sentence combining）这一教学手段却是可以"拿来"的。试举一例：

在教形容词、介词词组作定语这一语法项目时，按传统的教法，通常会对"I like the beautiful picture on the wall"中的 beautiful（形容词作定语），应置于其所修饰的名词之前，而 on the wall（介词词组作定语），则应置于其所修饰的名词之后做一番说明，并强调这一句语句中的 on the wall 并非地点状语，而是定语，等等……，"句子合并"的教学手段则是让学生将三句句子合并成一句：

I like the picture.

The picture is beautiful.

The picture is on the wall.

这样，学生在合并句子时，自然会思考 beautiful 与 on the wall 应分别放在什么位置，以及为何这样放。学生通常会向老师提出这样的问题。这时，教师的回答会给学生留下深刻的印象。英国哲学家培根说过（原话记不清了，大意如此）：你对别人说的话，未必使听者留下深刻的印象。但当别人主动问你，你的回答会给他留下深刻的印象。这种教学手段不是说教，而是一种需要开动脑筋的书面练习，符合当时提倡的"精讲多练"的教学原则，也不怕班级人数偏多。我曾写过文章"英语教学中的'句子合并'"（上海教育 1980.6）和"谈句子合并"（外国语教学 1980.1），对这种教学手段加以介绍。1981 年，我调到徐汇区教师进修学院任中学英语教研员并从事英语教师培训工作，与两位同事合编了《英语句子合并八十则》，请葛传椝先生和吕菊林先生审校，葛先生为该书写了序。

第二件事。两年前的一个夜晚，我坐在书桌前欣赏着新近托曹蕾老师代购的印制精美的《远东英汉大辞典》（梁实秋先生编著），忽然想起了一件往事。那是五十多年前我上高中时，向母亲要钱买英汉词典。母亲指着父亲书桌上那一厚本英文词典说："这么大一部词典还不够你用的？"我说："那本词典早让爸爸翻烂了。我上次查了一个词，一不小心就弄破了一页。”

忽然，我觉得这件往事似乎在提醒我些什么……，什么呢？词典是工具书，是人们阅读书报杂志遇到生词时用来查阅的。将一本词典翻到烂成那个样子，得读过多少书报杂志啊！莫非家父的英语口语得益于大量的阅读？可又一想，"读书破万卷，下笔如有神。""读"是书面语言的输入，有助于书面语言的输出——"写"。它与口头语言的"听说"好像没多大关系啊！此后，一连许多天，我一直在思索，查阅了不少资料，想弄明白"听说"与"读写"是"一家人"还是"两家人"。

自从地球上有了人类，随即就有了人类的语言——口头语言。人与人通过听和说进行着口头的交际。随着社会的发展，人类在经历了数万年(或更长时间)仅有口头语言的漫长岁月后，陆续有了书面语言。于是，人与人除了通过"听说"进行口头交际外，还通过"读写"进行书面交际。那么，"听说"与"读写"是一家人吗？

许慎在《说文解字序》中写道："黄帝之史仓颉，见鸟兽蹄远之迹，知分理之可相别异也，初造书契。""画成其物，随体诘诎"说明了汉语的文字源于简笔画。然仓颉造字之说虽出自《淮南子·本经训》："昔者仓颉作书而天雨粟，鬼夜哭。"毕竟查无实据，只能"无征不信。"

经考古，有征可信的是在殷墟(今河南安阳)发现的大量甲骨文，这是最早的汉语文字——象形文字的实证(公元前 13 世纪—公元前 11 世纪)。

继巴比伦、埃及、印度、中国四大文明古国之后，欧洲古国，如罗马也产生了文字。与中国文字不同，它走的是另一条路——拼音文字。

现在，让我们把汉语的"听说"与"读写"的关系与拼音文字的"听说"与"读写"的关系做一比较。

汉语在文字出现前，口头语言中的词(字)由"义"与"音"构成。初始的文字是象形文字，是词(字)的"形"与"义"相结合的一种简笔画。例如"鸟"字：

甲骨文　篆文

（见流沙河《白鱼解字》手稿本第二七七面 新星出版社2013年1月版）

无论甲骨文还是篆文的"鸟"字，看上去就像一只鸟，直观性强，易于识记。但随着汉字越来越多，要为一篇千字文画一千个简笔画便画不胜画了。到了秦代后期，书隶们（相当于现代的文书）对小篆进行了简化。简化后的"隶书"已不象形。我们现在使用的简化字已成了一种相对独立的书面符号。汉字的演变如下：

口语中的字：$\boxed{\text{义音}}$ → $\boxed{\text{义音}}$

书面语中的字：$\boxed{\text{义}}\,\boxed{\text{形}}\,\boxed{\text{音}}$ → $\boxed{\text{义}}\ \boxed{\text{形}}\ \boxed{\text{音}}$

可见，汉语的口语（听说）与书面语（读写）原本就不是一家人，在演变过程中，"形"与"义"也分了家。这就造成能听、会说的人（不聋不哑），若不花精力去识字，便不具备"读写"的能力，是"睁眼瞎"——文盲。

我们再来看看拼音文字的"听说"与"读写"的关系。

拼音文字出现前，口语中的词与汉语一样，也是由"义"与"音"组成。但拼音文字出现时，是将词的"形"与"音"相结合，这就使能听会说的人只要掌握几十个字母（加上若干字母组合）在单词中的读音规则，便可由"听说"转为"读写"，即：

口语中的词：$\boxed{\text{义音}}$

书面语中的词：$\boxed{\text{义音形}}$

可见，拼音文字的"听说"（口语）与"读写"（书面语）是"一家人"。

英语属于拼音文字，但因其经历了"古英语""中古英语"及"现代英语"的演变过程，部分单词不符合读音规则，这就要求我们在英语词汇教学时既要遵循拼音文字的教学方法，避免语文课的词汇教学方法的迁移，又应对那些不符合拼读规则的词汇探索出一套有效的教学技巧。

"读英文书破万卷"，不仅仅"下笔如有神"。

人们在阅读、书写时，耳畔会响起自己的读音（尽管是默读，旁人听不见）。这就是说，"读写"时也在"听说"，是通过"读写"为自己创设了语境，并在语境中进行着"听说"练习。大量的阅读就是大量的"听说"。就拼音文字而言，一旦掌握了二十几个字母及若干字母组合在单词中的拼读规则，就能从"听说"能力转化为"读写"能力。反之，也能从"读写"能力转化为"听说"能力。

想必家父、葛传椝先生、六十年代初复旦大学外文系青年教师的英语口语能力皆得益于大量阅读。

再举一例：我与同龄人（70岁左右）用普通话交谈时，总觉得他们的普通话带有明显的家乡口音。究其原因，是他们的少年时代既无电脑、又无微信可玩。他们读书、阅报，看到的是简化字，作文、通信，写的也是简化字。而他们的孙辈，十岁左右的小屁孩，说起普通话来却字正腔圆。何故？每天玩电脑、游戏机、手机上发微信，无一日不"读写"汉语拼音之故也。

如此看来，拼音文字的"听说"与"读写"确实是"一家人"。人们掌握母语的常规途径总是先"听说"，后"读写"。但在缺乏英语语言环境（家庭环境、校园环境、社会环境），英语口语的输入量、输出量明显不足的情况下，可否另辟蹊径，踏出一条由"读写"到"听说"的路径来呢？

第三件事。关于语言的"fluency"与"accuracy"，以及"language"与"beyond language"。

上世纪70年代末至80年代中期，我喜欢去葛传椝先生家陪他说话。在先生的谈笑中，我总能有所得益。每次去，总是师母开门。她烟瘾很大，我那时烟瘾也不小，葛先生不吸烟，但并不在乎吸入二手烟。于是，在小客厅的烟雾中便响起了先生的笑语……

有几件事，印象甚深，至今难忘。

一、What's the English for "顶替"？

70年代后期，插队落户的知识青年有机会回上海去父亲或母亲的工作单位"顶替"。记得是在暑假期间，我去葛先生家。闲谈间，先生问我："What's the English for '顶替'?"我问："可否用'hereditary?'"先生说："世袭一般指承袭帝位、王位或爵位等。中国现今无爵位可袭。再说父亲退休前是校长，儿子并不"顶替"校长一职，可能担任教师或教辅（编者注：教学辅助人员）等。"见我答不出来，先生笑道："我在英文中也找不到相对应的词。"先生又说："遇到这种情况，还是以音译再加脚注为好。硬译的话，就成了英国人看不懂的中式英语—Chinglish。"

二、葛先生的"德、智、体"。

大约是 1984 年春节，我去葛先生家。先生告诉我他已退休，并认为按年龄"一刀切"没有道理。还是应按"德、智、体"全面衡量为妥。先生又补充道："我说的'德'是指肯做的，'智'是指会做的，'体'是指做得动的。"后将先生的这段话告诉陈锡麟先生（复旦大学外文系 63 届毕业生），他也听葛先生说过这话。

三、司机来上口语课?!

80 年代初的某一天，我去葛先生家。那天先生心情欠佳。原因是复旦大学外文系聘请的口语教师因故未能成行。于是，临时找了一名汽车司机（美国人）来外文系任教。葛先生听说后去外文系提意见，回答竟然是"一时实在找不到合适的外教，好在不是来教英美语言或英美文学。他是美国人，来教口语应该问题不大"之类的话。葛先生说："堂堂复旦大学怎么能让一名汽车司机来讲课！按照这种说法，中国的汽车司机也可以去英美的大学教汉语口语了。岂有此理！"

2）复旦大学外文学院陆谷孙教授在《英语挤压下的中文危机》一文中写道："我们现在有个毛病，你们可要特别注意，就是要反对哑巴英语，练口语，讲啊，讲得似乎极流利，其实不能仔细听的，这个流利，我这个教英文的人仔细一听，里头是错误连篇啊——连珠炮一样的错误出来，就说明我们现在的同学不讲 accuracy，老板能够糊弄，来 interview 的时候，听上去好像语音还可以，然后再装一下，来一些肢体语言，都是很洋派的，我也学不来。我觉得这个很悲哀的，因为你真正的英语拿出来，真货色拿出来看看，哎哟，那个里头错的不行。"（见《余墨二集》P.90 复旦大学出版社 2009 年第一版）

葛先生和陆先生的话提醒我们，一名教语言的教师，应不断提高语言的"fluency"与"accuracy",语言有雅俗之分,为人师者,语言宜雅一些,这就要求我们不断提升自己的人文修养。

结束语

以上列举了几件给我留下深刻印象的事,归纳如下:第一,教外语,应该学习国外先进的外语教学理念和教学方法,但应根据实践性、可操作性原则,使之本土化;第二,拼音文字的"听说"与"读写"是"一家人";第三,"读英文书破万卷",不仅仅"下笔如有神",而且能把"读写"能力转化为"听说"能力;第四,语言学习中,"fluency"与"accuracy","language"与"beyond language"相辅相成,相得益彰。

费仲芳老师简介

费仲芳，1946 年生，江苏无锡人。中学高级教师，从事英语教学四十余年。1998 年被江苏省人民政府评为中学英语特级教师，2002 年由上海市认定为特级教师。

1965 年高中毕业于无锡市第一中学。1969 年毕业于上海外国语学院（即现在的上海外国语大学）英语系。1970 年起分配在江苏铜山县工作七年。1977 年起在无锡锡山高级中学工作二十三年。

1999 年到 2011 年在上海市位育中学执教英语。四十余年来一直在教学第一线辛勤耕耘，从未间断，在学生和同行中有很好的口碑和威信。重视教学理论与教学实践相结合。应约在上海《新闻晨报》、《新闻晚报》、华东师大《中小学英语教学与研究》、《徐汇教育》等报纸杂志上就英语教学与研究先后发表专业论文十余篇。积数十年教学经验，先后在上海外语教育出版社、文汇出版社、华东理工大学出版社、上海科学普及出版社等多家出版社主编或合编出版了《高中英语语法指导与阶梯训练》、《高考英语翻译与写作》、《中学英语常用成语、习语 3000 例》等英语教学用书及专著十多部，计百余万字。

曾应邀在江苏教育电视台、无锡教育电视台等作英语教学讲座 40 余次，先后赴延安、武汉、云南等地讲学。

从 2003 年起先后两届被上海市人事局聘为上海市中小学高级职称评审委员会（闵行区、浦东新区）委员或专家库成员；被华东师范大学外语学院聘为教学顾问；上海市徐汇区人民政府先后两届授予"区专业技术拔尖人才"或"区专业技术学科带头人"荣誉称号；2010 年起被上海市教育委员会英语教研室聘为上海市教师学研究会英语教师专业委员会会员。2011 年年底起退休赋闲。

三尺小讲台，人生大舞台

费仲芳

我出生于江苏无锡，是农民的儿子，父辈及以上世代务农。我自幼在一个依山傍水的小山村里，在艰辛的生活环境中长大。这样一个农家孩子日后怎么会与英语扯上关系呢？说起来话就长了。

一

我的小学生活是在两所学校里度过的。开始是一所初级小学，只有一到四年级，后来是一所高级小学，只设五、六年级。小学里只开设语文、算术、地理、唱歌、美术和体育等课程。初中是在离家五里地的镇上读的。每天挎个书包，拎只饭盒，不管阴晴雨雪，都是来回走读。所学课程中没有英语。1962年夏我考取了无锡市第一中学，在那里读高中，才接触到英语，从字母 A、B、C 开始学起的。那时的学校里，小学不开设英语，初中有的开有的不开。之所以会这样，可能是英语师资不足的缘故吧。因此，到高中读英语时，同一年级开设两种班级，一种是从初中就开始学英语的接轨班级，另一种是从高中开始学英语的基础班级。

记得读高一、高二时，我的英语老师是位穿着打扮挺讲究的中年男老师。他头发梳得油光乌亮，上身穿毛料夹克衫，下身是裤缝笔挺的西裤、皮鞋。苏州口音，讲话时露出一口雪白的牙齿。用现在的话来说，是一个标准的奶油帅哥。英语讲得特流利、标准，富有磁性，音色很哆。一手草书英语,在黑板上写得龙飞凤舞,简直把我们迷住了。特别是女同学,她们在课后都说:"哇,英语老师这么结棍(编者注:吴方言,表示"厉害")啊!"他也是给我留下深刻印象的第一位英语老师。

上高三时,英语老师兼着班主任,更是了得。他是印尼归国华侨。大约四十岁年纪,矮矮的个子,微胖。讲话语速舒缓,声音低沉,沉稳中透着老练。英语讲得流畅清晰。他还会唱很多英语歌曲,那男中音,特动听。至今还记得他教我们唱的一首美国歌曲 *Old Black John*。"Gone are the days when my heart was young and gay. Gone are my friends from the cotton fields away,…。"忧伤的曲调,深情的怀念,在歌词中,在吟唱时得以充分的体现。说起来也真怪,我如今依然会像当年学唱时一样,一字一韵地哼唱来着。当年在工作间隙,会有不得已要上场献歌一曲的尴尬时刻,我总是会拿这一首歌来应付,居然还能不时赢得点掌声,真得感谢我的这位恩师。转眼间,半个多世纪过去了,我也到了"Gone are the days when my heart was young and gay"的年纪了。有道是斗转星移,沧海变桑田哪!我无比怀念我亲爱的老师。

在这时,英语老师要我当他的课代表。我至今弄不明白他怎么会看上我的呢?细细一想,大概有两个原因:一是我的英语发音较准,没有乡土味,模仿得较逼真;二是我记忆力较强,刚学过不久的英语单词或课文,当堂就能记住并背出来。老师往往在临下课前突然抽查,我被查到时,都能几乎不出差错地从容应对。有时较长的整段课文也能背得有板有眼,引来同学们钦佩的眼光。所以当年的英语课,是我最喜欢的一门课,学得也很轻松。

正因为有这样两位入门恩师润物细无声的教诲和影响,我渐渐地对英语产生了浓厚的兴趣。高考填志愿时,我怯生生地去征求班主任老师的意见。他笑眯眯地看着我说:"就考上海外国语学院,怎么样?"我一听,愣了半晌才轻声说:"行吗?"他肯定地说:"Sure enough."于是我壮了壮胆,稀里糊涂地填了上外英语系。高考结束不久,发榜了。一连几天没见动静,我心里发毛,以为没戏了,于是百无聊赖地在家干些零碎农活。突然有一天,乡邮员在离我家不远的拐角处喊道："费仲芳,大学录取通知书!"我顿时放下手里的活,跑去接回这几乎望穿秋水才等来的录取通知书。信封上赫然写着"上海外国语学院"这几个殷红的鲁迅字体,我激动了半天没回过神来,只是傻傻地笑着。我终于考取了上海外国语学院! 全家人沉浸在一片欢喜中。我家又出了个大学生,连同三年前我哥考上了南京一所大学,一个寻常农家出了两个大学生,一时间在乡下传为美谈。

1965年秋,上外按大学的正常教学秩序上课。入学开始阶段,老师从纠正我们读英语的语音语调入手,每天要求大家听录音,一字一句地模仿着语音权威许天福老先生的发音。袁鹤娟老师则面对面一词一句地领读、纠音。从停顿、连读、不完全爆破到句子的升降调,真的是不厌其烦,耐心细致。而我们则一个个紧张得满头大汗,直到看见老师满意地点点头,露出甜甜的笑容,才敢长长地舒出一口气来。

教学大楼中我们年级的走廊里只听到各个教室传来那雄浑的R.P(我们学生私下都称许老先生为许R.P.)声音。那时王彤福老师是我的班主任。他对我们非常友善,上课循循善诱,像大哥哥一样,呵护着我们这些来自五湖四海的工农出身的年轻学子。还有侯维瑞、戴炜栋、李观仪、杨小石、王彦存、高文娟……。他们在课上是老师,课后则经常与我们一起做游戏、打排球等等。诸位老师一个个满腹经纶,讲课极富个性特色,给我们留下了极为深刻的印象。我们在这如画的校园里,沐浴着阳光,在众多名师权威的熏陶教诲之下,刻苦地学习着、吸吮着西方文化中有益的营养,健康快乐地成长着。

可惜好景不长,一年不到,便惊雷四起,暴风骤雨般的"文革"迅猛席卷全国。学府上外校园在这风雨如磐的冲洗之下,平静不再。于是此起彼伏的造反、串联、辩论、游行、批斗代替了往日的琅琅书声。在之后的几年中,就再也没有像样安稳地学过英语。有的只是下海港扛大包劳动,疏散到宝山月浦学农,以及无休止的大批判、大字报……,一切都改变了,逝者如斯夫! 往昔不堪回首。

二

我们这些工农出身的学生,根正苗红,本来都完全可以像历届学长一样读书、毕业、就业分配到国家急需的各个岗位，去发光发热。可如今就像被风雨摧残后的山花野草，剩下残花败絮，还没有绽放出艳丽的色彩，便凋零了。这样一批不合格的大学处理品，本该在1969年就毕业分配的，结果直到1970年夏才分批奔向各地：厂矿、农场、部队、农村，还有偏远边疆，去接受工农兵的再教育。离校时连毕业文凭都没拿到，还是几年后才陆续补发的。

我被分配到江苏徐州铜山县。头两年在毛庄公社劳动锻炼。那是一个可能比大家所熟知的查文红老师在安徽魏庙小学所工作的环境还要贫穷落后的山村。之后，被分到邻近煤矿的一所公社中学，从此开始了我长达四十余年的中学英语教学生涯。我之所以成为教师，绝非本意。上外不是一所专门培养师资，尤其不是专门培养中小学教师的高等学府。但是，在那个年代，毕业后能当上中学老师已是万幸。

在那所学校，我待了五年。学校四周围土墙，照明点油灯，写字用水笔，出门骑毛驴。环境之恶劣非常人能想象。而较之周围老乡山芋当主食，放眼只见山的情况已经好多了。由于"文革"尚未结束，"Long live Chairman Mao!""Long live the Communist Party of China!"这样几句口号式的英语可以教一个学期。辽宁张铁生"不学ABC，照当接班人"的白卷英雄时期的英语我也教过。之后又有了简单的乡土教材和江苏省编英语教材。*Gao Yu-bao Wants to Study* 是我印象深刻的一篇课文。但说真的，这些并没有给我的英语教学能力和水平带来什么提高，而是白白浪费了宝贵的青春年华。

1977年夏，历尽千辛万苦，我被调回了自己的家乡无锡。在一所城乡结合、有近百年办学历史的著名田园学府——无锡县中学（即现在的江苏省锡山高级中学）又工作了二十三年。起初，学校刚从"文革"浩劫中过来，满目疮痍，百废待兴。我与我的领导和同事们一起艰苦奋斗，砥砺奋进。这所学校从恢复为县重点中学到重新确认为省重点中学，最后一跃成为省内为数不多的国家级示范性重点中学之一。一步步走来，洒下了汗水，打下了坚实的基础，也创造了事业的辉煌，度过了我人生中最美好的岁月。我从一个普通青年教师逐步成长为教学成熟、经验丰富的中学英语特级教师。这对我而言，是一个重要的人生转折点。

　　1999年夏，我被引进调入上海市位育中学，又回到了阔别30年的海纳百川的大上海。大都市的中学英语教学以其先进性、示范性和前瞻性深深地吸引着我。宽松的教学环境，一流的现代教学设施，头脑活跃、思维敏捷的城市学生，以及团结友善、奋进向上的领导和教师同事无不使自己感到亲切自然，如鱼得水。我在这里找到了努力的新标杆，开始了教学生涯的新攀登。

　　这些就是我四十余年中学英语教学奋斗的简要回顾。从身不由己到全身心投入；从盲目应付到真正意义上的为人师表，其间的转变又是因何而来的呢？

三

　　教师的工作平凡又琐碎，毫不起眼，但又确实很重要，关键是从哪个角度来认识。

　　记得我初为人师时，当地公社负责人特意来校给中小学新教师们做报告。他是这样鼓励我们的："你们现在是老师，一定要努力工作。干好了，几年以后，我提拔你们去公社供销社当营业员！"话音未落，台下一片哗然。可想而知，当时教师的地位居然连商店营业员也不如，我们这些新老师们会安心守职吗？坦率地讲，在那样的穷乡僻壤，在当时当地，要有抱负、理想确实也难。

　　但人非草木，使我心灵受到强烈震撼的有两件事。第一件是初出茅庐当班主任时去做学生家访。那里的孩子大都是山区农民子女，家徒四壁可以说是他们家庭最真实的写照。如此窘境时时刻刻都在影响着学生们读书的情绪和学习效果。我常被这不忍目睹的穷困景象难过得落泪。我想，这些孩子如果从此扔下书包，辍学在家，日后岂不是同自己的祖辈、父辈一样，脸朝黄土背朝天，一辈子在此自生自灭，永无出头之日？当他们羞涩地叫我一声"费老师"时，我油然感到了一种责任。于是我毫不犹豫地把他们一个个动员回校，尽我所能教他们当时并不吃香的基础英语ABC。我这样说并不是想与查文红老师比高低，只是在那种特定环境下潜意识中的朴素情怀使然。这就是我对"老师"的第一认识——爱生。不管什么样的学生，无论贫富，不分成绩好坏，只要是你任教的，都得一视同仁。经过你的教育，一年、两年或三年之后，他们都在原有基础上有所提高和进步，你才对得起"老师"这个称号。

还有件事，是上世纪九十年代中期，我随无锡市教育考察团赴延安地区学习、交流。延安育红小学在战争年代是育红幼儿园。新中国成立后的许多党和国家领导人当年都曾在这儿生活过。由于种种原因，现在的这所学校学生多，教室少。班学额平均 110 余人，最多的达 138 人！六个孩子挤在同一张课桌前。别说写字，就连坐都是问题。老师们都是在教室后的草地上或是过道旁批改作业的。他们大都一家数口挤住在一口不过十四五平方米的窑洞里。用布帘一隔，里间作卧室、生活间，外间腾出五六平方米，放一张简陋的办公桌，桌上堆满了教案、书本和作业本。他们就是这样无怨无悔地工作生活着。谈及生活的艰苦，他们坦然一笑，说是习惯了，都这样。说到工作，则是兴高采烈。说今年又有多少人考入重点中学，有多少人将去延安大学深造。还不忘告诉我们：由某某地方赞助的教学大楼正在兴建，不久条件就会改善的。他们在憧憬着美好的未来时，一个个舒坦地笑开了花，而对眼下低水平的生活则满不在乎。惟独对工作，对所带的数十、上百名学生却时时牵挂在心，一往情深。

我深切地领悟到，人是要有一点精神的。这精神就是不怕困难，不甘落后。为了未来，为了后代子孙顽强拼搏，终生无悔。因此我想，与人为善、勤奋刻苦是做人的本分；脚踏实地、求真务实是生活的准则；逆境拼搏、求新创新是改变生活、重写人生的唯一途径。也正是这些，考验了我的毅力，磨炼了我的意志，奠定了我日后几十年的人生轨迹。

爱生和敬业是紧密联系在一起的。热爱学生必然也必须热爱自己的岗位。

我一生工作过的几所学校都有我打心眼里敬佩的老师。我敬佩的是他们始终兢兢业业、默默无闻，在平凡中找到乐趣的精神。他们中有不少都是一辈子在一所学校任教，"从一而终"，无怨无悔。他们因此而成了学校的脊梁和学校传统的代表。在他们身上体现了一种职业就是事业、事业高于一切的美德。一所学校多一些这样的老师就是多一份财富，多一份底蕴和底气。学校不同于别的单位，它不能是"铁打的营盘，流水的兵"，否则就形不成传统，形不成教学特色。因为传统和特色是要靠积淀和积累的。而最终说到底，决定着一所学校教育教学高低成败的关键因素，则是学校中由特级、资深和骨干教师所引领的教师群体的专业教学水平。

因此，爱生和敬业是作为教师必备的两大基本要素。可以说，教师的素质基本决定了学生的素质，也同时决定了学校素质教育的基本质量。我就是这样逐步由认识到自觉实践着的。这也正是我能安心中学英语教学并最终有所获益的力量源泉。

四

在与学生和书本打交道的四十余年间，我所获得的主要还只是感性认识。我逐步有了点教学思想还是在全国恢复高考之后。

教师的工作对象是学生，其工作的主阵地在课堂。在教学中，我一向信奉"学重于教、生重于师、用重于书"的观点。在教学风格上，我选择多向化信息沟通模式，让学生动口、动手、动脑，充分利用各种现代教学媒体，提高教学信息传递的质量，以发展学生的知识运用能力为落脚点和最终归宿。

在课堂教学的学生参与问题上，我更多地重视学生在教学过程中的实质性参与（即理性思考后的参与），避免或减少表象性参与（即一窝蜂式的热闹）。尤其是高中学生，其思维方式和能力趋向于成人化，要给他们多一些观察思考的余地。真正地评价一堂课的好坏，一看课堂教学的容量、节奏；二看学生大脑思维的活跃程度及最终效果；三看课堂教学师生的思维方式是否体现了从表象——实质——结论——深层思考的渐进模式。

我是教英语的，并长期在农村中学任教，但这并没有使我拘泥于某种固定教学程式而一成不变。早在1993年我就提出在重视必修课的同时，必须加强选修课的学习，后来又加上要有环境活动课程的内容。我曾组织学生到各自所在乡镇，用英语向来自其他乡镇的同班同学介绍自己乡镇的人文景观，最后每位学生写一篇"Wuxi in My Eyes"的英语作文，然后汇集成册。即使到杭州旅游，我也与历史老师一起，由他起草杭州各景点历史出典的中文说明材料，我把它们译成英语后发给学生，让他们一边观景，一边用英语交谈。我还曾组织班上的学生自己上英语公开课，我做幕后导演，邀请各自的家长和原来的初中英语老师来观摩听课，以此来激发学生学习英语的内驱力。还让他们到南京、杭州等地的外国语学校交流英语学习经验，与来访的德国、日本、丹麦、澳大利亚等国中学生自行开展双向活动。让他们看到差距，也让他们感受到语言作为交际工具的实际体会。这在当时的农村，能这样做，可以说是开创性的、史无前例的。我的目的就是让他们跳出教室这个小课堂，走进社会这个大课堂，让他们自主学习，做学习的主人，学出积极性、学出效果来。1995年我写了"对英语'大课堂'教学原则的认识和实践"一文，发表在华师大《中小学英语教学与研究》杂志上。我的大课堂教学观由此形成。

所谓"大课堂"教学，可简单归纳为以下三个原则：第一，课堂教学以会话为主的原则，这主要针对当时以语法教学为主的哑巴英语而言的；第二，课内和课外相结合的原则，包括英语学习环境的创设和布置、校内闭路电视、每周一次的校园英语角、每学期一次的全校性英语文艺汇演等等；第三，校内和校外相结合的原则。这在90年代初的江南农村，即或是城市英语教学中也都是开创性的大胆尝试，而其效果则是显而易见的。

随着教学实践的不断深入，我认识到，语言运用是语言学习的最终目标。因此从宏观层面来说，要有教师、学生和语言交流环境在时间、空间上的整体协同；从课堂教学的微观层面来说，教学环境、教学内容是纵横交错、互为因果的；而在课程设置上则有必修课、选修课和环境活动课，因此，就整体而言，英语教学应该是一个全景式的立体教学。而当时的实际情况是：长期以来，在中小学英语教学中，一直把传授语音、语法和词汇等语言知识作为教学的全部，与此相关的各阶段、各种教材的各类考试和评估方式，却把语言知识掌握的好坏作为衡量学生学习英语成功与否的主要标准，作为对教师评价的最主要依据。这其实是一种误导。它直接违背了语言学习的目的，也违背了中小学英语教学大纲的灵魂和基本精神。

这里重点谈谈立体式课堂教学结构。课堂教学结构是由语篇、人物和环境三维所构成的立体结构。所谓语篇,指的是语言项目在语境中的意义,即话语的行为意义。语篇与人物、环境(或称语境)三者密不可分,相辅相成。

先说语篇教学,它是立体化的。语篇教学要立足于上下文、交际背景和文化背景这三维之上。

次说人物参与,也是立体化的。现在的课堂教学已打破了传统的师生线性平面关系,形成了学生、教师和篇章中的人物相结合的三维关系。不仅要完成传统的师生双边活动,还要通过角色表演或声光录像等形式使篇章中的人物也活起来。在参与人数上也要体现学生个体、小组和班集体三者之间的协调和谐作用。

再说语言的交际环境,当然也是立体化的。这是指借助声光、电教等媒体,使课堂成为超越时间、空间和背景的立体化交际活动环境。

为了进一步说明这一问题,仅以上世纪90年代中期使用的部编英语教材第一册(下)第66课"Milu Deer Return to China"的教学实践为例证。

"Milu Deer Return to China"的教学目的是要通过 milu deer 在中国的发展、繁衍、消亡以及远涉重洋、落户英国,最后又回到中国和回归自然的复杂过程的演示,使学生获取对 milu deer 生长、生活、外貌特征的了解,培养保护珍稀动物、热爱大自然的意识,激发其爱国主义热情。仅凭教师传统方式的讲解、分析,恐怕没有2—3堂课的教学时间和容量是完不成的,即使这样教师讲得唇干口燥,学生依然云里雾里,不知所云者何,效果是可想而知的。在使用了多媒体辅助教学课件后,按程序设计以下十个操作步骤:

Step 1. A picture of all kinds of running animals (horses, tigers, lions, elephants) and so on. (取自电视片《动物世界》)

Step 2. Gradually, a picture of milu deer comes near, both male and female. (画面动画制作,配以音乐)

Step 3. Further explanations with words and five pictures:

a. 群鹿图　　　　　　about 1000 in the world

b. 雄鹿　　　　　　　taller and has two antlers in the head

c. 群鹿食草图　　　　grass in summer, nuts and fruits in autumn, leaves of trees in winter

d. 雌鹿生育图　　　　have the young in summer in thick grass

e. 鹿的皮肤冬夏变色图 bright red in summer and grey in winter

（文字打在每幅图下，在说明时依次闪烁两次，以示醒目。）

总体文字介绍材料：

There are about 1000 deer living in the world. They can grow to 1.2 metres high and a fully- grown deer may weigh about 150～200kgs. This is the male milu deer. It has two antlers. It is about 10% bigger than the female. The female deer has no antlers. The milu deer eat grass in summer, nuts and fruits in autumn and leaves of trees in winter. They have good senses of smell and hearing. They can also see very well. The milu deer usually have their young in summer in thick grass.

The strangest thing is that they have different colors in different seasons — bright red in summer and grey in winter.

Step 4. Listen to the tape, and read the text silently and quickly.（配以轻快音乐）

Step 5. True or false exercises.（共 6 题）

逐句显示，每展示一句，屏幕上反复出现两次。最后，六句应同时展示在屏幕上。如果某一句正确，请学生重复读一遍；若不正确，请根据课文说出正确的句子来。

Step 6. Brief explanation of the text. Make sure that the students have a general idea of the whole text.

列出若干词组，并用英文作必要的解释。说明 Duke 一词时，可在屏幕上打出一幅公爵图来，以示直观。

Step 7. Further and deeper explanation with four pictures.

图一　a. 古代中国有许多麋鹿，设置古人像和群鹿图。

　　　b. 清朝官兵图、战争、灾害（八国联军掠夺、水灾）。

　　　c. 鹿群逐渐消失。

图二　a. Bedford 公爵的图像。

　　　b. 大批鹿被掠夺、装船、运往英国。

　　　c. 在英国,天气凉爽,鹿被保存,繁衍。

底面背景:一幅世界地图,中国、英国被重点显示出来,一艘艘装上麋鹿的军舰、商船,从中国向英国驶去(配以声音)。

图三　a. 1956 年和 1973 年共有 4 对麋鹿从英国送回中国。

　　　b. 南海子麋鹿宛—群鹿图。

　　　c. 1985 年江苏大丰麋鹿中心里麋鹿数量逐年增加。

　　　d. 湖北石首大型天然公园。(配以动物鸣叫声及欢快音乐)

Step 8. Discussions（Topics）

　　　a. What do you think of the milu deer?

　　　b. What shall we do with the milu deer?

　　　c. What's your feeling now if you are a milu deer?

　　　d. What's your opinion if you are Bedford when you see many milu deer return to China?

(把学生分成四组,让他们分别就上述四个问题进行分组讨论,推举一名代表上台发言。)

Step 9. Conclusion：

　　　Originally in China

　　　→disappeared in China

　　　→taken to Britain

　　　→come back to China again

　　　→sent back to the wild

Step 10. Homework

Rewrite the text according to the conclusion in no more than 100 words.

　　这十个步骤交替使用图、文、声、像的综合效应,学生的抽象想象在直观中一目了然,而且其理解程度和最终结论都得到深化。口、眼、耳、手,即听说读写四会能力得到了同步一致锻炼。而且我们在 Step 7 中,每一幅画面上同时出现了 3—4 个分步图像,使讲解有序,学生易于理解,这不仅是录音机、录像机等媒体无法比拟的,更是传统教学中无法操作模仿的。它克服了学生在课堂上只能被动接受同一模式教学的弊端,弥补了传统的教学方式在直观感、立体感和动态感等方面的不足,收到了显著的教学效果。

在传统教学中，单是介绍麋鹿的外貌特征恐怕就要煞费苦心了，其头、角、蹄、尾的"四不像"就要画上八幅图，以示与鹿、马、牛、驴的不同，且缺乏直观感、对比感。而在 Step 2 的教学过程中，只在一幅图上，就能轻易地展示其不同，且可做到讲解要言不烦。请看：

Step 2: Gradually a picture of milu deer comes near, both male and female.（定位定格）

画外音：What are they? Oh, milu deer.

What is a milu deer like? Look carefully.

（根据图片，按部位显示单只麋鹿形象，并与马、牛、驴和普通鹿相对照。）

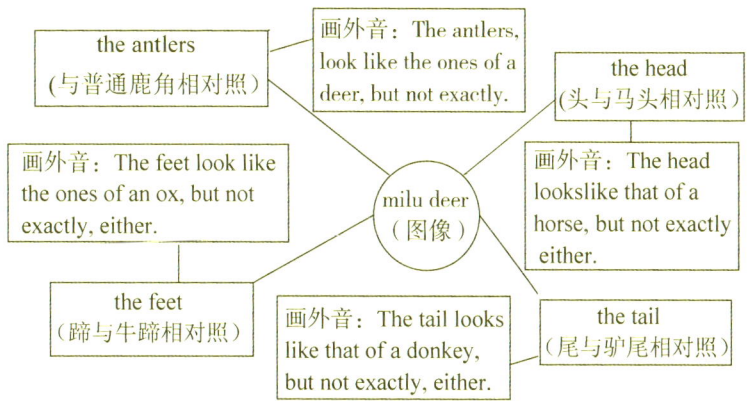

通过这一步的讲解，极大地激发了学生的学习兴趣，同时也引发了学生急于进一步了解的欲望和积极性。

在教学中，如发现学生在理解中有困惑，操作步骤可以有选择地重复操练。可以适当慢放，这就像在快节奏的大运动量训练中做到快中有慢，主动控制学习节奏，及时达到反馈教学信息的目的。比如 Step 3 共有五幅图，我们不可能让课堂内所有的学生在同一时间内达到相同的理解程度。如有必要，我们可以允许学生根据自己的需要选择其中有关步骤。课后重复操练，或在课堂上利用每个课桌前的小型电视机，自己调试有关图片、文字，从而真正实现了课堂教学的个性化教学。

多媒体辅助教学的实际效果,可以同时发挥图、文、声、像的综合作用,极大地增加了教学的信息量,扩大了密度、广度和深度,因此也就缩短了学习时间,从而使教师获得了课堂教学时间分配的主动权。可以根据教学内容快慢深浅的不同要求,突出难点,确保重点。本课重点应放在 Step 8 上。学生通过对四个问题的分组讨和上台发言,加上老师的适当提示,最后得出了如下统一认识:

The milu deer is a kind of rare animal in the world. It looks strange but quite lovely at the same time. We should protect milu deer, in other words, we should take good care of them. If I am a milu deer, I'll be very glad to come back to China again and I'd like to be set free and go back to live in the wild together with my parents, my brothers and sisters.

这样,学生口头英语的表达能力得到了锻炼和提高,同时又为 Step 9 的归纳总结作了铺垫,从而完成了课文教学从抽象到具体,又从具体到抽象的循环过程。

从本堂课多媒体辅助教学课件的设计和制作过程来看,不是一件易事。从课件的整体构思,到具体步骤的最后确定,从图、文、声、像素材的采集和处理到软件系统的编辑,都要经过精心的设计和安排,而且需要花费大量的时间。有时为了一幅动物图像要翻阅不少资料,为了编辑一组理想的图像,常常工作到深夜。在编制过程中,教师、电脑操作人员、图书馆管理人员通力协作,因此课件是教师集体智慧的结晶,而不仅仅是某一个人的功劳。正因为是集体创作的成果,它有利于增强教师集体的凝聚力,也是教师成熟的标志。但课件实际操作时,却又简单易行,只要学会开机关机,能识别和使用键盘或鼠标器,几分钟内便可掌握。课件的十个操作步骤,可随心所欲地交替使用,大大提高了课堂教学中的复现率,从而在根本上提高了课堂教学的实际效率。

这是我在上世纪 90 年代中期首次较为成功地使用多媒体教学手段而上的一堂课。课件在《中小学外语教学与研究》杂志上发表,课堂教学实录在江苏教育电视台播放。

到上海工作后,我对自己的这一教学理念有了新的认识和理解,也有了进一步施展的舞台。在学校领导的高度重视和具体指导下,随着教学认识和教学要求的提高，以及教学实践的不断深化，我们先后开展了英语 A、B、C 三种水平的分层教学，小班化教学和双语教学活动。在教学形式和内容上注重课内高度激活，加大教学密度、强度和效度。课外导入研究，自主创新，充分挖掘学生个性特长，实施英才教学，鼓励冒尖，鼓励积极参加上海市乃至全国各类中学生英语竞赛。课程设置上开设精读课、泛读课、听力口语课，创设计算机英语、英美文学欣赏、英语网页制作、英语原版影视赏析、德语和法语入门等拓展课活动，加强与美、英、法、德、加、澳、日、韩、印等世界各国中学生访华团的往来接触。我校师生也先后有五十余批次到上述有关国家作称为 homestay 的短期学习、生活体验。

我常想，教师的全部教学活动也许并非都是刻意而为之的。但在你的学生中的某一个，可能正是某一次外宾的接待活动、某一场外语节目的主持、或者一次校园新闻的外语广播、一堂课中一个教学角色的扮演等触发了他的灵感，开启了他的潜能，奠定了他日后择业的基础，预示着他今后大展宏图的广阔前景。想想我们自己不也正有这样似曾相识的经历吗？所以教师的教学舞台要扩大，视野要开阔，技艺要多样全面。这或许正是"有心栽花花不成，无意插柳柳成行"的寓意所在吧？

五

退休之后，清静多了。我也作了点思考。我感到一个人在 30 岁之前主要是学艺。作为教师，要打好课堂教学的基本功，上好各种类型的课，与各类学生打交道，参加各种类型的教学实践活动——听课、评课、竞赛、参观、学习……一句话，实践第一，练就一身过硬的教书育人好本领。

35 到 50 岁是出经验、出方法论、出教学观的黄金时期。随着阅历的丰富，加上理论的修炼，动手和动脑相结合，实践与研究相结合，就会有不断的收获，不断的提高。再之后，是以传帮带为主，以总结经验教训提携后辈为主。红花虽好，总得绿叶相辅才成啊。常言道："一花独放不是春，万紫千红春满园"嘛。

退休前的二十余年间，我利用教学之余，先后在新闻晨报、新闻晚报和其他有关教学杂志上发表过十多篇教学论文，在上海外语教育出版社、文汇出版社、华东理工大学出版社、江苏译文出版社等处出版过有关英语语法、词汇和写作的教学专著近十部。它们大都是原创性工作，是我几十年教学心得的真实写照，花费了不少心血。我曾应邀到延安、武汉、云南等地讲学，在电视台作过几十场专题讲座，也曾应邀到上海若干所兄弟学校作过学术报告，在教学网络中心对学生作过系列教学辅导。我在写这些论文、著作和作专题报告的同时，也进一步明确了自己的教学思想，不断刷新了自己的教学方法和理念。实践——总结——再实践——再总结，这是一个循环往复的过程，也是不断自我完善的过程。

搞科研和做学问一样，首先要沉得下心来，有虚怀若谷、学他人之长的胸怀，有不断看到自己不足的肚量。只看到自己长处，眼中没有他人的人是不会有大成就的。我感觉现在有些年轻人竞争性太强，包容性太弱。多了点急功近利的浮躁，少了点十年磨剑的耐心，稍有研究或刚有理念框架便急于对外张扬说成绩如何云云，这无论对搞研究还是做学问，恐怕都不好。因为教学成果是有周期性的，不可能在短期内便成绩斐然。拆穿了那只是自欺欺人的把戏。或许事后连自己都不知道是怎么一回事。那就更不值得鼓吹，作践他人了。

另外，要出一流的教学质量，关键要有一流的教师队伍支撑。而要打造出过硬的教师队伍，作为领导者要有长远的战略目光，如定期分批选派教师出国进修，有目的地培养骨干教师，通过校、区、市级公开教学活动，比技艺活动等多种教学平台，推选出教师，让他们展示教学才华，提高知名度，也逼着他们在压力之下有动力，有活力。利用一切手段帮助教师解除后顾之忧，利用丰富的教学资源，开展多种形式的比、学、赶、帮、超活动。作为教师本身，则要自立标杆，有自己明确的奋斗目标。不能满足于现状，不能甘于做随大流者，而要勇立潮头，做教学改革的弄潮儿。

我因担任上海市中小学教师高级职称评委或评审专家的缘故，有机会听了各校教师上百堂课。给我的印象是每一位上课老师都准备得很充分，竭尽全力发挥出自己的最佳水平，事后也很谦虚地征求评委老师的意见。但遗憾地说，其中有不少课只是泛泛而谈，因为缺乏创意、缺乏独到见解，只能跟着流行的一般教学模式小心翼翼地操作着，把个性掩盖了起来。其实一堂好课，无论如何离不开特定的教学内容，离不开自己的学生实际，也离不开教师本人的特色领悟，当然也离不开教学辅助手段的恰当使用。

搞科研要强调创造性、前瞻性。事先论证好可行性、实践性、可操作性及其推广价值，然后才去弄计划，出方案，一步一个脚印地去认真探索和实践。其一般规律，说穿了就是要做到人无我有，人有我新，言他人之未言，发他人之未见，示他人所未知。即使是传统内容，流行模式，也可以从新的角度去思考，去挖掘，弄出新意来。关键是肯动脑筋，不怕吃苦受累，持之以恒，最终必定修成正果。

至于说到一个人的成长成熟，则离不开其所处的时代大环境，离不开自己所在单位的教学小环境，更离不开自己的领导和同事团队。我清楚地记得我在江苏铜山县工作时的第一任校长，他是江苏省公安厅下来的原侦察科长。干练、直率，办事雷厉风行，眉宇间透着一股豪气。是他在我最困难无奈之际给予了诸多的开导和鼓励，使我得以有前进的动力和勇气。我在无锡工作时的第二、第三任校长，他们对工作的执著、坚毅，为教育事业而日夜忘我奋斗，呼喊奔走的精神，深深地感染着我。他们对我教学工作的支持和肯定使我感佩难忘。我到上海后的第四任校长，其仁者风范、人格魅力如兄长、似亲人，温暖体贴，营造了一个亲密无间的大集体……他们是我人生路上的引路人，事业成功的提携者，也是我工作学习的榜样和楷模。所以我个人的成功，成绩，如果说有那么一点点的话，离开了这培养的环境氛围，离开了这群体，可以肯定，就啥也没有，啥也不是。这就如同树木花草，假如生长在荒野僻壤，它们只能长成细枝弱草，成不了蔚为壮观的大气候。只有在沃土丰水之地，才能枝繁叶茂、草木葱茏，其道理是一样的。也许，我在众多灌木丛中，还能高出那么一点点，但与挺拔伟岸的茂密大森林相比，至多只是一棵不甘低首而不起眼的松树罢了。这种相互依存和发展的关系决不能颠倒，饮水思源，忘本不得。有集体才有个人，有国家的繁荣才会有个体生存图强的牢固依托。

到了掩卷搁笔的时候了。寻思间，这一路走来，我每天站在这平凡的教室讲台前，在我的学生中，从未间断。了无轰轰烈烈的壮举，也无煽情感人的情景。这讲台和七十贤人、三千弟子，写就了我四十余年的教学人生。真所谓，三尺小讲台，人生大舞台啊。我仿佛看到：年少时，在雨中披着蓑衣，行进在乡间泥泞的求学路上；在高中的某次体育课上不慎摔断右臂而失去应征入伍参加空军飞行员的懊丧；大学里与胡曙中夫妇等学友结下的真诚同窗情谊；在铜山那所中学为解决师生饮水而连续三天三夜奋战在打机井的工地上，后因疲劳而晕倒在澡堂的那一刻；在家乡，为适应外向型乡镇企业而开办外贸培训班时人头攒动的点点滴滴；在上海，学生把我上课的教学笔记整理成文，交付出版社出版后拿着样书让我签名的难忘场面；与我朝夕相处的年轻同事，英姿勃勃，一个个成长为市、区、校教学骨干而为之骄傲；2011 年我与最后一届毕业生合影留念，告别教学的感人情形；看着一本本饱含自己心血、汗水而付梓出版的专业书籍摆放案头而喜不自胜；退休后，每逢佳节，来自五湖四海、世界各地的学生以不同方式向老师我表达真切的问候、感恩之情，我收获满满，我欣慰之至……

我因此而触动、感动和激动，也因此而冥想、反思和感悟。为生计，不靠天、不靠地，也不靠救世主，全靠自己的双手；为工作、为事业则良知和责任缺一不可。归根到底就是两句话：

讲台执鞭四十年，喜看春华秋实它是有苦有甜；

教海巡航八万里，笑谈暑酷腊寒我仍无怨无悔。

如此而已，岂有他哉！

徐欣幸老师简介

上海市英语特级教师，原上海市教育考试院命题办公室高考英语学科秘书。

1984年从上海师范大学英语专业（中师班）毕业后，在上海市储能中学任教高中英语课，并担任班主任、英语教研组长。

1988年被聘为上海市高中会考英语卷命题教师。1996年被聘为上海市高考英语卷命题教师。

1995—1996年通过选拔考试，被选派作为上海和昆士兰友好城市交流项目的教师，在澳大利亚昆士兰的中学教授中文一年。

1998年因工作需要调入上海市教育考试院，直至退休一直负责高考英语命题工作。主持和参与了上海市高考英语卷设计、命题、实施与评价等方面一系列循序渐进的改革。结合科研课题和工作实践所写的论文在多家全国核心期刊上发表，并多次在专业会议上得奖。

2006年3月被上海市人民政府授予"上海市特级教师"称号。

曾经的时光

一、学习经历

    我是从中学开始学英语的,给我印象很深的是我们的英语老师看上去就像一位英国绅士,上课时始终是油光锃亮的头发,笔挺的衣裤,严谨的教学态度,标准的英国音,使我们这些当时极少看见外国人的初中学生不由得肃然起敬。现在回想起来,他当时花了相当多的时间教授音标,不仅发音相当标准,并且每位学生都要去他办公室面试音标,这给我以后的英语学习打下了良好的基础,也使我在所有学科中比较喜欢英语了。可惜只学了两年,"文化大革命"开始了。四年多后从插队的农村进入大学,竟阴差阳错地进了俄语班,英语成了二外的选择。毕业后分到了一所既开英语又开俄语的中学,但是只教了一学期俄语,就改成全部教英语的学校了。当时的英语教学内容非常简单,所以凭我二外的英语水平改教英语是没问题的。但是,我想既然要改行了,英语水平的提高是必需的。所以在工作中又继续积极参加各类在职和脱产的进修和培训,最后取得了上海师范大学外语系英语专业中师班(本科)的毕业证书,从学历上取得了教授英语的资格。

二、教学经历

    在中学教学期间,学校里的老教师们给我树立了很好的榜样。

他们中有的人会六七种外语，待人总是彬彬有礼，十分谦和；有的人是新中国成立前电台的英语播音员，语音语调非常标准、漂亮；也有傲慢、倔强的老先生，喜欢用英语和人吵架。但是，他们的共同点是对教学都很认真，对学生都很耐心，我从他们的一言一行中学到了许多教书与待人的本领和态度。尤其是学校里主管英语教学的副校长，他曾是乔冠华的同学和同乡，对英语教学的见解现在看来仍很有价值。当时我负责教研组的工作，他经常听我的课，也要求我与他一起听组内其他老师的课。课后与我讨论分析，针对大部分老师的上课情况，提出了教师应该加大课容量和为学生提供多种语言实践机会的目标，这两项目标的实施，为提高学校的英语教学质量起到了关键的作用。在这些忠诚于教育事业前辈们的言传身教之下，我不仅出色完成了教研组长的工作（虽然当时我是组里最年轻的教师），并且养成了认真对待工作，不断学习，积极思考和实践的习惯。作为一名教师，我在自己的课堂教学中始终坚持不断进取，既要考虑到学生实际，又要跟上时代的步伐，不断改进自己的教学，认真上好每一堂课。学生喜欢上我的课，我也从学生渴望知识的期盼中汲取新的动力，尽心尽力地备好每一堂课。我的教学得到了师生们的认可，所教学生的英语水平在各类评价中都得以较好的体现。我自己也在区级教师课堂教学竞赛中拔得头筹，并被选派作为上海和昆士兰友好城市教师交流项目的教师，去澳大利亚昆士兰教授中文一年。

三、考试院工作经历

1998 年暑假送完又一届高三毕业班后，我正式调入上海市教育考试院命题办公室。在此之前，我曾于 1988 年和 1996 年作为命题教师参加了上海市英语会考和高考的命题。作为一名基层教师，这两次的命题经历给我的第一个启示就是：题目并不是出得越难就越好，这和当时教学实践中自己出题时的理念是很不一致的。这两次的命题经历开阔了我的眼界，我遇到了一些懂得语言测试的专家，使我初步认识到教学中哪些东西是值得评价的，应该评价到什么程度才是合理与合适的，而不应该像以前那样，认为随便找一张现成的试卷就可以作为测验卷或考试卷，即使自己出题也是随心所欲的。我更体会到一名合格的教师，不仅应该是教学的能手，还应该掌握一定的命题评价技能，才能达到科学而且高效的教学结果，评价和命题是教学的一个重要组成部分，也是有学问的。

调到上海市教育考试院后，我担任高考英语学科秘书，负责高中英语会考、高考英语、"三校生"高考英语和"专升本"英语等考试的命题工作。正式从事英语学科秘书的工作后，我最大的幸运是遇到了一批认真、敬业又专业的领路人，他们就是英语学科组特聘的专家。这些来自复旦、华师大和上外等高校的教授们，不仅语言功底扎实，对语言测试有专业的理论知识，且有多年高考英语卷命题的实践经验，他们给了我这个新兵无私的帮助和指教，指导我系统地阅读专业书籍，提示我工作中的各个要点和细节，讲解试卷设计和命题过程中的关键所在，严肃又认真，风趣又幽默。他们的关怀和帮助使我信心倍增，我刻苦钻研语言测试、教育测量、评价的理论，虚心向专家和周围的同志学习，利用自己的教学经验和语言专业特长，在实践中锻炼和增强考试命题工作的本领，并能开拓进取，配合教学和课程改革，对考试进行创新和改进。

我遇上的第一场硬仗就是上海市高考英语口试的改革。2000年之前，上海市高考英语口试是由上海市教育考试院委托上海外国语大学承办的。全市各区县的考生需要在规定的时间赶到上外去参加面试。虽说是面试，上外的考官只负责打分，试题均录在磁带上播放给考生听。尽管如此，上外的英语老师们面对全市几万名的考生，工作量是巨大的。繁重的打分任务，使得老师们苦不堪言、难以承受，同时也对考试的质量产生了一定的负面影响。考生也一样，有的考生为了参加十几分钟的考试，要花上好几个小时从郊区赶去上外。面对如此困境，当时考试院的院长对我说："我们一定要解决好这个问题，建立起考试院自己的口试体系。"在考试院领导的主持下，我组织和参与了上海市高考英语口试改革创新的一系列工作，从设计、实验、实施到改进、提高。2000年开始实施的上海市计算机辅助高考英语口试，将先进的信息技术引入口语测试，破解了大规模口语测试施考的难题，是一次具有革命性的创举。当时，考试院各个部门协同作战,成立了专门的班子,从教委领导到我们部门的领导,都十分关心和支持这项改革任务。我们首先查阅了国内外有关大规模口语测试的资料和文献,发现人机对话是比较可行的方法。当时上海每个中学都已有了语音教室,重点中学都有了计算机教室,实施人机对话的硬件基本具备,那么软件设计就成了关键。当时的教委领导专门委派了一家软件公司,根据专家组的设计需求,进行软件的设计和调试。因为在国内尚无先例可循,当时的困难真多啊!刚解决了一个又冒出了一个,没日没夜地鏖战,日子过得昏天黑地。正式考试的前一夜,还在调试和改进。感谢高校和中学的专家们热情的指导和付出,感谢软件设计者的智慧和坚持,感谢中学考点负责人和工作人员的密切配合,感谢一线教师的体谅和支持,2000 年全市 6 万多考生,在 38 个考点(计算机房),用两天的时间,完成了计算机辅助高考英语口试(人机对话)。这是国内首次大规模人机对话英语口试。考试结束后第二天早上醒来,我觉得天旋地转,真是累得起不来了。

之后很长的一段时间,上海市高考英语口试虽然只要求报考外语专业和相关涉外专业的考生参加,成绩也只作为录取时的参考,但是 95% 以上的高中毕业生都报名参加口试,因为人们越来越认识到语言学习中培养语言运用能力的重要性。由于在保证考试的公平、公正和误差控制等方面能根据语言测量的科学要求,采取了一系列有效措施,口语考试的形式和考试结果都得到社会的认可。那时,全国各地的许多考试机构都纷纷来上海学习取经。我在这场战役中也学到了许多,体会多多,最重要的两点就是认真和坚持。一旦你明白自己是在做一桩正确的事情,就必须认真对待,哪怕你再没经验,你会发现你可以学习的内容,会找到你可以请教的人,帮助你把每个环节都尽量做好;你必须坚持到底,再困难的时候也不言放弃,胜利通常就会在坚持之后来到。人机对话口试成功实施后,对口语考试的改革和完善并没有停步,由考试院领导主持的"计算机辅助英语口试的实施与研究"是教育部考试中心全国教育考试"十五"科研重点课题,我负责课题实施的主要工作,撰写了课题报告,对进一步提高口试的质量提出了实践和理论的总结与展望。当时的上海市教委主任张伟江教授作为课题评价人,在评价表中写道:"……特别可贵的是,本项目对口试信度作了多方面的研究,具有很多创新理念和技术……,所以我认为这项工作十分出色和优秀"。2017 年上海市高考英语口试终于在新一轮高考改革中成为每个考生的必考内容,并且计入总分,这说明高考英语口试人机对话又将站上一个新的起点。

在考试院工作期间,我所做的另一件很有意义的事情是配合课程改革,结合语言测试新理念,稳步地对高考英语上海卷进行改革,加强对语言运用能力的考查、对中学教学的积极导向作用。同时,试卷本身的各项质量指标不断提高,体现了上海的城市精神和水平,得到社会各方和全国同行的好评。每年教育部对全国各省市自主命题质量的评价结果都显示:高考英语上海卷的质量很好,具有很高的测试信度和效度,对保证高校招生录取的公平、公正发挥了积极的作用。

语言测试是伴随着语言教学出现的,而且,任何一种语言测试方法又都在一定程度上体现了国家的课程语言政策,受国际主流语言教学观和语言学理论在语言教学实践中具体应用的影响,英语高考也不例外。高考英语(上海卷)随着语言教学和语言测试的前进步伐,进行了成功的改革与实践。上海市课程教育改革、国际语言教学和测试理论的新构想以及中学英语教学的实际都对试卷设计产生了重要的影响,决定它进行了一系列的改革探索。在专家组的指导下,在一线教师的支持配合下,我主持了对高考英语上海卷稳中有进的改革工作,不仅在测试目标、性质、内容等方面循序渐进地改变,而且命题技术也朝着科学和规范的方向稳步前进,试卷质量不断提高,为树立考试的权威性、公平性和科学性做出不懈的努力。主要体现在以下几个方面:

(1) 测试目标的变化使试卷更注重对语言运用能力的考查

八十年代恢复高考制度时的中学英语教学主要是传授最基本的语音和语法等语言知识,因此高考英语的考试目标主要是测试考生掌握这些语言知识的程度。同时,受当时较为流行的"结构主义语言学"理论影响,认为语言是由语音、词汇、语法构成的一个系统,这个系统是可以分解的,因此,可以设计大量离散的题目,逐项检测学生是否掌握了这些分解项目。这一理论主导了八十年代后期的高考英语卷,当时的试卷结构明显体现了这种思想。

九十年代初上海开始一期课改的试点。一期课改的课程标准与以前的教学大纲相比,突出了外语的工具性,教学目标由听、说、读、写等语言技能和语音、词汇、语法等语言知识要素组成,并开始提出对语言运用能力的培养。此时,心理语言学和社会语言学开始占主导地位。该理论认为:语言不但是一个可以分解的体系,更是一个动态的、具有创造性的功能体系。尤其是语言学家提出了语言交际能力的概念,认为使用语言不但要能按照语法规则构造出合格的句子,而且还必须具有在不同语境中合理使用这些句子的能力。显然,孤立地测试语言点的试题不能达到理想的测试效度。为此,高考英语上海卷的考试目标修改为:**英语学科高考旨在测试考生的英语知识、运用英语的综合能力以及交际能力**。

进入二十一世纪,交际法语言教学和测试观进入我们的视野。交际法语言测试配合交际法语言教学的特性,强调语境和任务的真实性,交际双方语言使用的互相影响和作用,语言使用的效果。向新的教学与评价理念靠拢,高考英语上海卷的考试目标又进一步调整为:**测试考生的英语基础知识和语言运用能力。其中,侧重语言运用能力的考核**。

至此,学习现代语言测试的新理念,配合课程改革的需要,高考英语上海卷的测试重点逐步由语言知识转变为语言运用能力,基本完成了考试目标所要求的由知识立意向能力立意的过渡。

(2) 测试性质的变化要求试卷对教和学起积极的反拨作用

众所周知,高考的性质是选拔性考试。1990 年前的上海市高考考试说明中对高考英语性质的阐述是:**高考英语是为高校选拔新生的英语测试**。选拔功能是当时英语高考卷的唯一功能。但是,随着时代和社会的发展,高考的功能显然已不再仅仅是选拔,考试对教学和学习产生的影响,也就是考试的反拨作用得到了人们的关注。尤其像高考这样的高利害性考试,决定考生是否有资格进大学学习,几乎影响到一个人的前途和命运。试卷所考查的范围、内容和题型都是教师、学生和学习的关注焦点。因此对教师、学生和教学所产生的反拨作用是巨大的。同时,国际语言测试专家提出的新的测试质量评估标准中,除了传统的信度和效度标准外,考试的反拨作用也被视作重要标准之一,体现了人们对考试质量的新认识。著名语言测试专家巴克曼指出"考试不是在无关价值的心理测量试管中开发和利用的;考试实际上总是为教育制度的需要和社会需要而服务的。"随着对这些测试新理念认识的逐步形成, 2000 年后的考试手册中对高考英语性质的描述是:**为高校招生而进行的选拔考试。它的指导思想是既要有利于高等学校选拔合格的新生,又要有利于实施素质教育和中学英语教学的改革**。明确了高考英语除了选拔功能外,还应该成为促进中学英语教和学的工具。测试性质的变化促使我们从题型、内容、分数分配和评分标准等方面着手,预测对教和学可能产生的影响,然后进行相应的改变,努力使考试能对教学产生正面的、积极的反拨作用。

(3) 逐步形成为目标和性质服务的测试题型

在语言测试中,选择什么样的题型对于达到和完成测量目标来说至关重要。通过发挥题型的功能作用,可以提高试卷的测试效度,更好地实现考试设计对语言能力要求的目标。与此同时,这些题型还会对高中英语教学起积极的导向作用。因此,高考英语上海卷的题型逐步地进行了改变。

2001 年开始,听力理解题以占全卷 20% 的比重正式计入总分。听力作为接受信息的重要语言技能,在中学教学中很快得到了重视,引起教学上很大的变化。

2003 年开始,高考英语上海卷听力理解题又改变了以往全部用多项选择题为答题形式的模式,听力部分 Part C 长对话以填空听写的形式出现,要求考生在听懂对话内容的基础上,填写试题中所缺的词,完成某项任务或回答某些问题。这种题型通过听的方式处理语言的各种技能和知识,如语音分辨、单词拼写、词语顺序、语法知识和内容理解等,体现了语言测试的真实性和实用性原则。它要求考生注意平时对语音、词汇、语法、理解,背景知识等方面多下工夫,注意学习策略,改变了听力教学中只注重辨认技能的训练,忽略运用能力培养的现象,对学校的听力教学起到了更积极的导向作用。

2005 年起,在阅读理解部分中采用了配对题型。配对题是考查快速阅读的题型，可以用来配合落实新课标的学习要求，作为评价学生阅读量的工具。配对题接近现实生活中人们真实的阅读活动，即归纳与理解文章和段落的大意。此题型在相当程度上减少了猜测的可能性，并且很难通过对答题技巧的培训来提高答对率。

2008年起，将分离式考查词汇的单句多项选择题型改为选词填空题型。"选词填空"题主要测试考生的词汇知识及在语境中运用词汇的能力。此题型改变了长期以来高考英语卷以单句形式考查词汇知识的方法。以前高考英语卷中测试词汇的单句多项选择题型无形中促成了教学中对选择题的过分炒作。词汇的复习和训练就是操练与高考题型相同的单句多项选择题，对学生词汇知识和运用能力的提高非但帮助不大，还助长了只会选择不会运用的坏习惯。"选词填空"引导课堂教学改变对单句多项选择题的过度重视，从而引入词汇教学的新理念，使更多、更好的符合语言知识学习认知规律的创新教学模式步入课堂，确实提高学生掌握词汇知识和运用词汇的能力。

2010年起，在阅读理解部分中采用了简答题型。"简答题"要求考生阅读语篇后，回答问题或完成句子，通过简单的书面形式表达自己对阅读内容的理解。与"多项选择题"相比，"简答题"显然比"选择题"更接近人们真实生活中的阅读情景。考生只有在理解语篇的基础上才能答题，而无法通过猜测来答题，因此考生所写的答案能够比较确切地反映出他对语篇是否理解或理解到什么程度。"简答题"的推出还可促进课堂里的阅读教学，倡导培养真正的理解能力，而不是因为需要做"选择题"而导致对猜测和排除等应试技巧的训练。

（4）就考试内容而言，高考英语卷所选语料均来自于原版语言材料，真实、地道并具有时代气息。尽量使考生在考试时所听和所读到的语言是目标语国家平时生活中使用的语言，在考试中要完成的任务就是考生在现实生活中可能要解决的事情，从而更好地保证评价结果有效，同时对语言教学中教师如何选择和使用语言材料提供了有导向作用的信号。

（5）从2000年起，我每年主持召开全市高考英语试卷评价会，向各区、县教研员和教师报告和反馈高考英语情况。因为考试设计者也应该加强对考试的宣传，使教师能够理解考试的目的和每个题型的测量目标,从而在课堂中开展有助于培养考生交际能力的教学活动。我还通过对试卷定性和定量的分析,在评价会上向一线教师和教研员提供体现考试质量的全样本数据分析,普及一些测量、统计的基础知识。评价报告的重点是反馈考生答题过程中出现的主要问题以及这些问题对教学和命题所能引起的反思和改进。我所写的评价报告体现出较高的学术水平,得到欢迎和好评。

(6)结合工作实践和理论学习,有感而发,我每年都撰写论文,在全国核心期刊《中小学英语教学与研究》,《中小学英语教学》,《上海市教育科研》以及其他有关报纸杂志上发表。其中有的还参加了全国专业会议论文评审,多次获一等奖和二等奖。

在专家们和所有参与命题工作的同事们的共同努力下,高考英语(上海)卷对高校选拔新生、对中学的英语教学和素质教育发挥了积极的作用。高考英语(上海卷)试卷的质量不断提高,考试结果稳定。我也在工作实践中学到了很多很多。

回想自己这三个阶段的经历,我总是庆幸自己在不同的岗位和不同的阶段总是能遇到那么多贵人,帮助和扶持我做好我的本职工作。同时我也深深地体会到,"专注和简单"并且始终拥有初学者的心态,才能脚踏实地把你的那份事情做好。

四、一点想法

退休后,我有较多的时间在基层学校听课,看到一些教学的实际情况,所以还是想从评价的角度,说一点自己的看法。

评价是课程的重要有机组成部分,是实现课程目标的重要保障。科学的评价结果可以为教学提供有益的反馈,帮助教师了解教学效果,改进教学方法,提高教学质量,还可以帮助学生了解自身的学习情况,改进学习方法,提高学习效率。然而,一些不恰当的评价理念仍在英语课堂教学活动中占据相当重要的地位,例如,仍以考试(主要是笔试形式)为评价的惟一手段。更有甚者,将教学过程中所有的考试都向高考看齐,认为课堂教学考试的模式都要和高考的模式一样。其实,考试只是评价的工具之一,即便如此,从语言测试本身的分类来看,有针对不同目的或需要的多种形式的考试,而英语高考与英语课堂教学过程中的考试是性质完全不同的考试。因此,教学过程评价中对英语高考模式的误用,不仅不能达到应有的评价目的,还会对英语教学产生负面影响。

英语课堂教学过程中各个阶段的考试,根据其目的、功能和可行的条件,应该主要选用诊断考试和成绩考试的形式,它们是与上述高考选拔性特征不同类型的考试。例如,某篇课文或某个教学单元结束后的课堂测验,可以采用诊断型的考试。诊断考试的目的主要是检查学生在此单元学习过程中对学习内容掌握的程度、暴露出的具体问题或者弱点,以便于教师作针对性的处理。如果发现的问题是共性的,那就可能是教学上的问题,教师可以找一下原因:课是否讲解清楚了?还是进度太快、缺少循环复习等?个性问题则可通过个别问题个别解决的方法,帮助学生克服困难,更好地掌握本单元的内容、要求,从而达到提高教学效率和效果的目的。诊断考试测试的范围必须仅限于所学的某篇课文或某个单元的内容范围,应该使大多数学生能答对百分之八十的考题,这样的考试结果可以帮助学生树立学习信心和培养兴趣,看到自己的进步。又如,在期中和期末考试时,可采用成绩考试来衡量学生是否达到课程标准所规定的阶段课程要求和内容。成绩考试的目的是检查学生对某一阶段(期中、期末)学习的掌握程度,其考查范围和内容比诊断考试要大和广,但也不应该是无限的,一般应将课程标准中对这一阶段的学习要求作为检查的要点,并将学习过程、培养语言能力等教学目标作为关注的重点。考查内容为本阶段学生已经学过的东西,可以选择有代表性的试题,也可以不完全是教师在课堂上讲解和操练过的东西,但一定要体现出某一年级学生所应该达到的英语程度。诊断考试和成绩考试的试卷可以考虑加大主观题的比例,毕竟校内考试是低风险考试。适合于这类考试的题型可以有:配对题、填空题、句子转换题、翻译题、问答题等。这些题型的命题相对于多项选择题来说比较容易,教师完全可以根据自己所教学生的实际水平,结合阶段性学习内容,自己命题,从而更好地落实评价要求,从中得到改进教学所需的反馈信息;学生也能比较容易地得到较好的成绩,从中体会到英语学习的成就感,从而增强学习兴趣和信心。

简单地将英语高考模式作为各种测验、考试的惟一模式是不合理和不可取的。首先,不能达到反馈教学情况的目的。由于英语高考的主要目的是对考生英语水平的高低进行筛选,它所关注的重点是考生在考试中的排位,而不是学习阶段中的某一具体过程。因为受考试时间的限制,高考英语卷不可能将学习过程中所有内容在一张试卷上反映出来,它只能对高中阶段英语学习的全部内容进行高度的概括,从中选取某些样本进行测试,所以综合性很强。如果在高一或高二年级的课堂教学测试中就将英语高考卷模式作为考试的模式,这样的考试结果必然不能达到诊断和反馈的目的,考试的效度会很低,甚至会无效。其次,在教学过程中采用英语高考卷模式的测试可能会对学生的学习积极性和学习兴趣产生抑制和打击作用。英语高考卷对考生综合运用语言的能力要求较高,大部分学生的语言知识和语言运用能力在高一和高二阶段还未达到此种程度,那么考试结果必然是绝大部分人都不能取得较好的成绩,学生在学习过程中不能体验进步与成功的喜悦。相关研究还显示,如果学生在英语学习和考试中体验了太多的失败,会引发他焦虑水平的提高,从而影响他以后在考试中的表现,对学习造成严重负面影响。最后,由于英语高考卷中大部分题型为多项选择题,而语言测试中多项选择题的命题是很困难的,需要很高的英语水平和命题技术,还需要花费大量的时间,要做到真正意义上的模仿几乎是不可能的。绝大部分英语教师可能没有这么多的时间和精力可以花在命题上,同时也缺乏规范的命题技能培训,因此一般都会采用市场上出售的高考模拟练习册作为试卷,不分良莠地使用现成的东西。那些不规范的试卷和试题不仅不能体现出课程标准和考试手册所规定的目标要求,还会误导学生,使他们养成猜题、押题的坏习惯,助长只会辨识、不会运用的不良学习后果,从而导致考试对教学产生负面的反拨作用。

施志红老师简介

施志红,上海市建青实验学校教师(退休),上海市英语特级教师。

长期致力于初中英语教学、教材和命题的研究,曾发表论文20余篇,在长宁区、上海市和全国的英语教学比赛及论文评选中获奖,曾获上海市园丁奖、全国优秀外语教师、全国优秀教师等多项荣誉称号。曾参与《快乐儿童英语》、《上海九年制义务教育英语课堂教学设计》、《上海市初级中学英语学科教学基本要求》、初中《英语(牛津上海版)》、《新编初中英语听力训练》、《初中英语写作教学活动设计》等多本/套专著的编写。先后承担本市多个区、外省市及国家级的中小学英语骨干教师培养项目,是上海市第二、第三期名师培养基地(初中英语)副主持人、华东师范大学教师教育学院学科教学(英语)专业研究生实践导师、上海市教育学会外语专业委员会常务理事、长三角地区基础教育英语学科专家。

不断学习，接受挑战，把握机遇，持续发展

——我的专业成长之路

施志红

我们这一代人，在最该接受知识的十年里被剥夺了学习的权利。文革开始时，我还在小学，初中"毕业"便下乡务农。今天的崇明东滩湿地，当年就是我们农场的一部分，带给我们的只有无限的苍凉。

我算是幸运的，因代表连队团支部在场部的一次大会发言而得到了后来参加复旦大学政治经济学培训班的机会（几万个人的农场只有三个名额）。复旦半年，让我知道了知识的海洋是如此浩瀚，而我就是个文盲！在复旦，我们读了《资本论》（第一卷）等书籍，第一次接触了政治经济学和哲学的基本知识，对我日后的成长具有深刻的影响。回农场后我被调到场部政宣组工作，我们的主要任务是负责农场广播站每天半小时播音的组稿或撰写，办各类学习班，为基层连队培养通讯员，当然还有下连队搞调研、参与农忙时的抢收抢种、冬天里的开河挑大堤等等。场部四年的工作，促使自己更多地读书。除了理论书籍，我还阅读了大量的世界名著，如《悲惨世界》《战争与和平》《红与黑》《简·爱》《巴黎圣母院》等等，同时自学了语法、逻辑、修辞等语文书籍，还向一位懂英语的同事学了有限的一些单词。记得当时有人批评我们"政宣组就像旧大学"。

1977年恢复高考，十几届学生同时涌进考场。那天，考点外的大喇叭里播送的是我写的文章。进考场时我听见有人说"这人考进中文系大概是没问题的"，可最后录取我的是第四师范学校。记得我

写过一首诗——《雨丝》，反映出当时不甘、迷茫、失落的心情："细的雨丝/将尘土飞扬的田野润滋/草儿醉了/扭动着纤细的腰肢/花也笑了/争艳斗姿。密的雨丝/将我的衣衫打湿/可心田在干裂呀/上帝/快降下万能的乳汁/救救希望的种子。"

然而，怨天尤人毫无意义。"把被'四人帮'夺去的时间再夺回来"是当时的流行语。我考虑到文科可以自学，理科止于四则运算可以休矣，便毅然在征求意见单上填写了"英语"，从此便与这门学科结下了不解之缘。24岁初学外语，个中艰辛不言而喻。当时最强烈的感觉是学制太短了，寒暑假太长了！最难忘的是王融老师对我的帮助和鼓励，如一贯耐心细致的答疑解惑、多次请我在全班朗读我翻译的英语小诗，使我在英语学习中愈发地刻苦努力。1980年初，我毕业后进入上海市实验小学，成为了一名英语教师，1985年调入上海市建青实验学校小学部，1988年进入初中部直至退休。

一、不断自我进修学习

像无数同龄人一样，那些年我一边工作一边进修。在孩子小、家务重、工作忙、身体差的情况下，终于先后捧回了迟到的大专、本科文凭。但我深知止步于此是远远不够的。2002年，我已经是一位在区、市都有一定影响的中学英语高级教师了，但我还是积极参加了华东师范大学英语研究生课程班的学习，成了班上年龄最大的学员并担任班长。通过整整两年双休日的听课以及无数个夜深人静时分的苦读，我终于以6个A，2个B的优秀成绩捧回了结业证书。2006年年初，市里组织的哈佛大学研究生院"Teaching for understanding"网上学习课程开班。年届52岁的我，第一次拥有了在网上接受职业培训的经历。通过阅读原版专著、阅读外籍教员在网上提供的单元笔记以及学友的作业，通过思考和表达我本人对课程的认识和理解，尤其重要的是通过教员和学友的及时反馈与评价，使我对"为理解的教学"这门课程从一无所知到逐渐入门，从充满困惑到乐于尝试。整整三个月的紧张学习，连春节都没能放松一天。6个Section，28次英语作业。当我终于收到这所闻名于世的高等学府的网上课程结业证书,当我的论文被收入文集发表时,喜悦之情不言而喻!

除此以外,我还积极参加区、市组织的各类教研活动以及高端教师培训,多次参加国内的外教培训并两次出国接受培训。平时,英语教学专著、报纸杂志以及互联网上的论文,都是我学习、充电的重要内容。现在虽已60有余,依然学习不止,这已然成为了我生命中的一部分!

二、努力提高教学水平

仿佛只过了一个瞬间,34年的教学生涯已然结束。回首过来路,觉得自己最大的心得应该是"激发兴趣,培养能力,注重策略"。

1. 千方百计激发学生的英语学习积极性

我们为何要学英语?对于大部分中小学生来说,深造、求职、成材都是太遥远的事。能直接调动其学习积极性的,便是兴趣。我十分赞同并喜欢这句话:"一个没有激情的教师,难以创设充满情感的课堂;一个没有情感的课堂,难以引导学生充满激情地学习。"

我总是习惯在预备铃响之前就进教室。铃声一响,动听的歌曲,优美的小诗,富有节奏的童谣,充满哲理的谚语,风趣幽默的顺口溜便开始回响在我们的教室。当我宣布"Class begins!"时,会看到每个学生的脸上都带着笑容。这不仅是营造一种轻松、愉快的课堂氛围所必需的,还会给学生留下长久的美好记忆。记得一次我校高二学生学农归来,延升班的同学(我教了他们4年初中英语)告诉我,一天他们在劳动时唱念起了初中时所学的英语歌曲和童谣,居然一个上午欲罢不能。一位在外企工作的学生说,公司联谊会上她唱的就是初中时学的英语歌曲。

随着多媒体手段的介入,课堂教学变得生动、直观、高效。但有时候,一张照片、一件实物、即时生成的流程图或是mind map,只要用得好,同样可以大大地吸引学生的注意力,唤起他们的兴趣。如让学生手持合家欢照片介绍自己的家庭成员;拿着自己儿时的照片说"This was me when I was three years old";一边用简笔画演示,一边介绍自己的上学路线；用彩色粉笔涂抹的色块来表示陆地海洋天空和山川；穿一件白大褂充当医生的角色；手持铅笔盒表演打电话；一根教棒扎上丝带就成了仙女手里的仙杖，一张广告纸折叠一下就成了厨师头上的帽子；一块手帕几根细绳，就能使"Make a parachute"变得生动而有趣；至于"How to make a cake"，不妨将面团和微波炉带进教室，让学生在介绍完蛋糕的配料、产地、价格以及制作过程后，亲口尝一尝香喷喷的蛋糕。

英语学习中记单词是件十分头痛的事。经常利用课内的零星时间，来一下 30 秒钟英语单词脱口秀、60 秒钟英语动词大比拼、"Spelling Bee competition"之类的游戏和竞赛活动，可以使学生兴趣大增；"Can you each tell me a word related with electricity?"这样一个问题，可以一下子引出几十个相关的单词；帮助学生在语境中记忆单词的"Ding-dong game"即使在 9 年级也颇受欢迎，老师说"We think that Mars is a Ding-dong planet."学生抢答"lifeless"；练习一般过去时，老师说"I got up very late yesterday morning"，然后学生一人一句把故事延续下去。就在学生争相发言的热烈气氛中，一般过去时得到了操练和运用。

在教学中，适切的目标、明晰的指令、充分的支架、合理的步骤、"跳一下摘到果子"的刺激以及在语言活动中获得的成功体验才能使学生保持对学习的兴趣。此外，平等和谐的师生关系也十分重要。我常常会采用个别谈话、问卷调查等方法了解学生对英语课的看法，并经常反思自己的教学行为。例如，背诵是英语学习的有效途径之一，可有段时间班上几个成绩还不错的男生就是不愿背书，我便在期末的"平时成绩总评"中酌情扣了他们的分。后来一份我自己设计的问卷调查使我了解到，有 19.5%的学生认为背书"太浪费时间"。换位思考后我向全班宣布：今后背书记录不再作为扣分依据，而是作为对积极主动完成任务者的加分依据。这一决定受到大家的欢迎，那几个男生也开始变主动了。可见教师的民主作风也是调动学生学习积极性的重要因素。

2. 重视培养学生的语言运用能力

《上海市中小学英语课程标准》将"培养学生具有良好的英语交际能力"列入了课程总目标的第一条中,而国家《九年义务教育英语课程标准》则明确了英语课程的总目标为培养学生的"语言综合运用"能力。学生的语言能力并非一朝一夕就能形成,而英语课理当成为锻炼和培养学生语言运用能力的重要阵地。教师必须在课堂教学的各个环节创造语言交际的氛围,以使我们的学生在潜移默化中养成使用英语进行交际的意识并乐于实践。

首先要让学生敢于开口。良好的语音语调能使学生变得自信和勇于开口。因此,在小学和初中低年级,我都十分重视让学生模仿。每一个音标、生词、句型,都力图用最清晰的语音呈现给学生,然后是充分的模仿,直到大多数学生都能基本上口之后,才见字朗读。此时,绝大部分学生已能朗朗上口,有的已经能背诵了。在我们的教材上,常常有 Dialogue。而在教学中,"对话"常常演变成了"读话"或"背话"。学生要么是离开了书本就对不成话,要么是大家眼睛互不对视,面部表情木然,各自"背话"。这种状况必须改变。在课堂教学中,我要求学生熟读对话,并充分进行 Pair/Group work,然后脱离书本进行对话,并力求做到表情、手势、形体动作与所说的内容相一致。同样,对其他体裁的课文内容,也要求学生从单纯的"背书",向介绍、复述、演出课本剧发展。

在教学中我还注意充分运用教材所提供的语言材料,对学生进行说话能力的训练。如教材中的 Listen and choose、Look and read、Think and write 等项目,在教学中除了落实其本身听、读、写的任务外,很多都可以转化成说话能力的训练。如《英语(牛津上海版)》8B Unit 6 的听力是填写有关埃菲尔铁塔的信息。完成此练习后,我布置的口头作业是介绍埃菲尔铁塔。第二天的课堂上,学生对埃菲尔铁塔不仅有话可讲,而且讲得很好。至于教材中的阅读篇目,教学中的预测、讨论、归纳、复述、表演、辩论等所有活动,无不与语言表达有关;而写作课的话题引入、内容铺垫、框架搭建以及写后评价,更是需要有师生之间、生生之间的互动交流才能得以推进。整个初中阶段坚持不懈的努力,必然对培养学生良好的语言运用能力打下扎实的基础。

下面以《英语(牛津上海版)》7B U5 Period 1 的教学片段为例,谈谈如何在句型教学中努力创设语境,为学生提供培养语言交际能力的机会。

Step 1 Look and guess:Who's this old lady? How old is she?

> 说明:激发兴趣。当学生看到我母亲的照片,听到 She's the most important person in my life.时,一下子就来了兴趣,马上争先恐后地猜测起她和我的关系以及她的年龄来。

Step 2 Meet the new pattern:Although she is 89 years old, she is still healthy.

> 说明:引出新句型。T: She is 89 years old, but she can do the housework her-self. We can also say "Although ..."(出示新句型),马上有学生猜出了句意。

Step 3 Get to know the pattern.

> 说明:让学生在语境中强化对新句型的认知。T: (边说边逐句出示以下带划线的句子) Although she is healthy now, she was sick last year. She had to stay in bed for 3 months. How sad we were at that time! Although my mum was very sick, she always told us not to worry about her. She said, "You don't need to come here every other days. Just work hard and take care of your own family. I'll be OK soon. " Do you think my mum is great? Yes! Although she can't read or write, all her children study well and work hard. You know my mum has got eight children. There is a doctor, an engi-neer, two teachers and two professors in our family. We all love our mum! 全班学生被深深吸引。

Step 4 Learn the structure of the pattern.

> 说明:简要说明句型结构和含义。让步状语从句要到 9B 中才作为语法项目正式出现,此处只要求学生理解句意并模仿使用。教师利用 PPT 上的 4 句话,引导学生观察并得出结论:Although 开头的句子用逗号,后面的句子用句号,整句意为"虽然……但是……",提醒学生注意英语中 al-though 和 but 不能同时使用。

Step 5 Read and guess.

* Although she is one of the top students in our class, she still studies very hard. (Who is she?)

* Although he comes from Korea, he can speak Chinese very well. (Who is he?)

* …

Step 6 Combine the two sentences with "Although …".

* Peter is not clever. He is hardworking.

* It was raining heavily. Alice still went to the park.

* John comes from a rich family. He never wastes money.

* Eddie is poor at Maths. He is good at other subjects.

* Mrs. Li is busy. She always helps Kitty and Ben.

* Susan has a little pocket money. She is still very happy.

Step 7 Match the sentences and guess.

Although she …,   she …

  is very busy   is never late for work

  is sometimes ill   is also interested in Chinese

  always works hard   doesn't like sports

  is not young   hates doing housework

  wants to be healthy   is always patient

  is a teacher of English   can work on computers   Who is she?

Step 8 Say something about yourselves: Although I …, I ….

Step 9 Learn some new words, then skim the story "The happy farmer and his wife" and answer some questions.

Step 10 Read Paragraphs 3-9 again and talk about the farmers.

说明：尝试在新的语境中用目标语描述人物。教师出示 Although Fred and his wife ..., they .... (后信息递减，只剩 Although ...)，学生以文本信息为支撑，造出了各种不同的句子，充分显示出他们已经能够理解所学内容，并进行正确表达了。

在课堂的语言输出阶段，则更应该为学生提供丰富的使用他们所学的语言的机会，并引导学生将语言学习与关注社会、关注生活结合起来。如《英语(牛津上海版)》8A Unit 4 学习了 Numbers 之后，我引导学生去寻找生活中的"数字"。经过讨论和发掘，同学们整理出了家庭生活、班级情况、体育比赛、学校规模、城市发展、世界之最等等中的数字，并通过英语对话、小品、报告等形式表达出来。在这个过程中，基数词、序数词、分数、小数、百分比等的英语表达法得到了高频率的使用，语言知识和语言技能同时得到了锻炼，学生热爱生活、关注社会的情感也得以充分的表现。又如，在 8A Nobody wins 的 Post reading 阶段，不仅仅停留在归纳 Captain King 的逃生计划上（这只是对文本信息的归纳），而更是引导学生提炼出 Captain King 在与外星怪物 Gork 的较量中取胜的原因所在：his wisdom and character, a good plan, help from others。这就不仅仅是 Captain King 取胜的必要条件，也是我们每一个人要在学习、工作和生活中取胜的必要条件。这样的讨论交流，已超出了纯粹语言训练的范畴，对于学生的思维能力乃至于积极健康的情感态度价值观的培养亦具有了一种润物细无声的影响力！

3. 帮助学生形成有效的学习策略

国家课标把"学习策略"作为构成英语课程总目标的五个维度之一，上海的新《教学基本要求》也将此列在英语核心能力矩阵中。当然，在我本人早期的英语教学中，未曾接触过这个概念，只是朴素地认为必须培养学生良好的学习习惯。比如：作业本如何开封面、划边线、写日期是有规定的；做作业时必须先订正前一次的错误再做新的；订正量小的可以在本子的空白处完成，量大的必须写在纸条上并粘贴在本子上；课堂内小组讨论时声音要轻，个人发言时则要足够响亮;第一、二排座位的学生起来发言时要主动转身面向全班;等等。我深信,生动活泼的课堂教学、平等和谐的师生关系与必要的 Class Rules 并不矛盾。

随着新课程理念的深入人心,我逐渐认识到,有效的学习策略包括了良好的学习习惯,但外延更大、内涵更深。于是,我更关注学生学习策略的养成。比如学生记录、整理笔记的习惯。首先引导学生摈弃信手随处"记笔记"的坏习惯,以免待需要时无处找。我要求学生自备专用的英语笔记本,在课堂的某个时段,当我说 Now let's talk about the language points.时,学生会迅速拿出笔记本,而我则会以绝大部分学生都能跟上的速度,帮助学生归纳整理一些语言要点及典型错误。更重要的是,我会要求学生利用寒暑假等时间,将笔记本上的内容在电脑上按单词或词组的首字母归类整理,以便快速查寻、随时添加。这是一个内化知识、强化能力的过程,比盲目地刷多少道题作用都要大。为了提高笔记的质量,我平时会不定期抽查,并要求学生在开学时将整理后的笔记打印上交。我会对学生的作业进行讲评,并挑选一份质量较好的笔记仔细修改,然后将其拷贝在电脑上,供全班学生共享。这是对好学生的褒奖之举,也是对其他学生的促进,更是对学生学习策略的一种培养。只要坚持一段时间,学生的积累就会相当可观,长期坚持的话,他们自编的"学习宝典"以及在此过程中形成的自学能力,一定会帮助他们在英语学习之路上大步向前。

再如,合作精神是学生将来立足于社会的必备素养,而合作学习也是一种非常重要的学习策略。在《英语(牛津上海版)》的教学中,我尝试指导学生开展合作学习,收到了较好的效果。如:出一期关于"水"的英语小报,小组成员分别从水的来源、水的用途、水污染的情况、节约用水等几个方面去搜集资料,撰写文稿,然后有的排版、有的美工,最后拿出本组的小报,参与集中展示并开展相互评价。此类学习任务如果要求学生个体来完成,可能会加重其负担,而且部分能力较弱的学生则可能会放弃。但是在合作学习的状态下,他们分工明确又互相协作,取长补短互相帮助,每一个学生都能在原有的基础上取得进步。

口试也是如此。除了诸多必须个人完成的任务外,我还要求学生4—5人一组，自行选择所学过的一个 Module（含3—4个 Unit），将其内容全部串起来，排成一个小品。组内成员必须人人参加表演，得分以小组为单位。在这样一个合作学习的过程中，组内目标明确：争取获得最好的成绩；分工明确：有人负责编写台词，有人负责电脑打印，有人负责简单的服装道具，有人负责导演小品。小组全体成员一遍遍地排练，互相纠正发音，不断修改台词，此时学生对课文内容变得越来越熟悉，口语能力也得到明显的提高。在最后的口试兼演出课上，一个个小组轮流上台，效果总是出乎意料地好。

在初三的复习课上，合作学习再一次显示出它的魅力。在几届毕业班中，我都采取了以下的办法：根据考纲将初中英语基础语法内容列成表格发给学生→将全班学生按"组内异质，组间同质"的原则分成若干个小组→每个小组认领一个专题→小组成员分头进行材料的搜集→将各自所搜集到的材料在组内进行交流、补充，并集体制定教案→小组派出代表（通常是2人）担任授课任务。这两人一般轮流讲课和板书（或出示 PPT），并准备好练习，当场让大家做。由于事先做了精心准备，这些"小老师们"往往对所讲内容十分熟悉，因而显得非常自信。而其他同学因为已经或即将登上讲台，体会到备课上课的不易，一般都会积极主动地配合，课后也常常见到同学们在一起讨论甚至争论的场景，整个复习阶段因此而变得生动和富有效果。令我印象深刻的是有位学生自豪地说："现在有关被动语态已经没有什么可以难倒我了！"当然，整个过程离不开老师的全程关注和必要的指导。

三、接受挑战，赢得机遇

机遇总是与挑战并存。唯有战胜挑战，才能赢得机遇。于我而言，挑战就是比别人付出更多的辛勤努力，就是比别人享受更少的娱乐休闲；挑战就是抓住一切机会学习、进修、充电，就是自觉地实践、反思、总结。30多年以来，我在教师的岗位上始终接受着挑战，不敢有丝毫的懈怠。

1. 在英语教改的第一线锻炼成长

我很幸运。1985 年来到建青实验学校之后,便一直摸爬滚打在英语教学改革的第一线。1987 年,当引进教材 3Ls 在上海开始试点教学时,我和当时建青小学部英语组的老师们就勇敢地承担了这一实验任务。1991 年秋,当一期课改英语新教材的试点工作刚开始时,我又和其他几名初中英语教师一起,成为第一批新教材的实验者。1998 年春,当《牛津英语(原版)》试点任务下达后,我又成为全市仅有的几名"吃螃蟹者"中的一员。

搞试点就是走前人没有走过的路。于是,你就得花成倍的时间和精力去熟悉、钻研教材;在缺少配套教学材料的情况下自己动手做教具、编习题、出考卷;你就得千方百计寻求新的教学方法,频繁地承担各种规模的公开课;你就得学会思考,学会总结;其中还包括了你就得连续几年冒着严寒酷暑,穿越整个上海去参加新教材的培训。

对于这一切,我从无怨言。因为机遇总是和挑战共存。只有勇敢地接受挑战的人,机遇才会垂青于他。在我 30 多年的教学生涯中,上过的公开课有几十节。更多的是青年教师的随堂听课,有时一个学期就要被听 10 多节。这对于提高自己的教学设计、实施和反思能力,不断超越自我有着重要的助推作用,这也是教师专业化发展的必经之路。从 1987 年的上海市小学英语教学评比优秀奖,到 1995 年的长宁区初中英语教学评优一等奖,再到 1997 年的全国首届中学英语优质课竞赛特别奖,是多年来坚持不懈的教改实践锻炼和培养了我。也使我在别人还对新教材不知所措的情况下,有了向教研组乃至区、市的英语教师说教材、谈教法的发言权。

2. 在教研组长的岗位上坚守信念

教研组长应该是学校学科教学的引领者和研究活动的策划组织者。我曾经做过十多年的教研组长,除了带领组内教师编教材、搞科研、改革课堂教学方法,还在努力创设学校"大英语教学"的环境方面做了很大的努力。我提出了"为激发学生英语学习的积极性创设氛围,为培养学生运用英语的能力提供环境,为展示学生学习英语的成果搭建舞台"的主张。在学校领导的大力支持下，从 2001 年起我们坚持每年举办"建青实验学校英语节"，期间的各种英语活动，如英语角、英语广播、英语黑板报及小报展评、小型多样的英语能力竞赛、英语原版片展播、英语文艺汇演、中外师生专场交流等等，受到广大师生的热烈欢迎。我们曾成功承办"长宁区首届英语节开幕式暨建青实验学校第三届英语节文艺汇演"，当时的一台戏来自我校幼儿园、小学、初中、高中四个学段，其中的"简•爱"、"白雪公主和七个小矮人"、"阿拉丁神灯"等来自名著的短剧以及一些自编的课本剧都取得了空前的成功，受到广大师生的欢迎以及各级领导、同行、外国领事馆官员以及媒体的广泛赞扬。我们还举办过"建青杯"初中英语竞赛，多次承办过市教研室主办的新教材展评课、优质课展示等大型英语教研活动。

这些活动的展开促进了师生的共同成长，带来了我校英语教学的可喜局面，英语教研组先后荣获区"优秀教研组"、华师大普教研究中心"科研先进集体"等光荣称号，一批青年教师在区、市级的教学评比中获奖。在学校，我们英语组常常是最忙的，也可能有人不理解，这时就需要教研组长的坚持和执著，才能带领团队一起前行。

3. 在区级的初中英语教学研究中发挥作用

在完成学校的教学和教研任务的同时，我还在区域范围内发挥作用。2003 年，我被任命为长宁区"初中牛津英语工作室"主任。三年中，我与区教研员密切合作，充分依靠区内一批骨干教师，组织了一系列的报告讲座、交流研讨、听课评课等活动，并开设了两期 240 课程班，吸引了全区英语教师的参与，为"牛津英语"试点教学工作在全区顺利开展起到了积极的作用。作为连续三届的区"优秀学科带头人"，我多年担任"项目组"负责人，带领各校选送出来的一批青年教师，搞课题、钻研课堂教学，为学校乃至区域层面培养了一批骨干教师。还参与了初三年级的英语质量监控、"阅读领航"以及"作业分层"的试点工作。之后，又与其他几位特级教师一起，被任命为长宁区英语学科中心主任委员，参与我区小、初、高的英语学科发展建设。

4. 积极参与上海市初中英语教学改革的多项重大任务

作为一名长期坚守在英语教改第一线的志愿者和排头兵,我十分荣幸地参与了上海市初中英语教学改革的多项重大任务。如参加《初中英语教学目标与课堂教学设计》的编写。这套 105 万字的丛书,在一期课改中对本市初中英语教学的改革起到了十分积极的影响。参加了延续 10 年之久的《英语(牛津上海版)》(初中段)的改编以及大修订工作,此套教材的引进使用是英语学科在二期课改中的重大举措。从 1996 年起的 20 年间,我一直是《上海市初中英语教学基本要求》的编写组成员,还多次参加上海市英语等级考试以及英语中考的命/审题工作。作为曾经的市"初中英语学科试验中心组"成员,我积极参与市级层面的教研活动,多次承担市网络教研主持人。尤其令我感到自豪的是参与了《上海市中小学外语学科行动纲领》的研讨以及《上海市中小学英语课程标准》的修订工作。除此之外,我还多次参加有关初中英语教学的电视片及 VCD 的编写和拍摄工作,以及担任"优化学习互动电视"前后共 60 讲的指导专家。

所有这些对我来说是一次次极其珍贵的经历。而近距离地接触一批专家、学者以及其他资深教师,使我从他们身上学到了宝贵的东西,包括教学理念、学术主张以及谦虚博学、忘我工作、极端负责等高尚品格,也使我对课程改革所倡导的教学理念有了较为深入的学习和理解,对初中英语教学的目标和要求也更为清晰,促使我对自己的教学观念和教学方法不断地进行回顾、审视和反思,从而极大地促进了我的专业发展。

5. 指导培养青年教师

从教 34 年,数不清带教过多少青年教师了。有高校的实习生,有在读的研究生,有本校和外校的新教师,有区、市乃至国家级的各类培训项目中的骨干教师、教研组长、学科带头人,甚至是拔尖人才。

培养青年教师的经历从来就是"教学相长"的过程。我们一起研究教材、讨论教法、相互听课、修改教案和课件,大到材料选择、教学框架、活动设计,小到课堂用语,乃至教案和 PPT 上的哪怕一个标点符号，都毫无保留地交换意见。有时，青年教师会在周末来我家深入讨论；有时，我会一个人充当学生，听某位教师在出征前的最后一次练兵；有时，我会组织来自不同学校的老师，挑灯夜战，用集体的智慧迎接挑战；还有时，我们的电话或微信语音互动会长达一个多小时……而这一切，不仅促使我本人更加深入地研究教材、思考学法、改进教法，也让我从青年教师的身上学到了不少可贵的东西，比如，我的多媒体技术运用能力大多得益于青年教师的耐心传授，而他们在教学设计上的闪光点也常常会闪现在我的课堂内。

最近十多年来我所承担的各类培训项目更是让我对初中英语教学的认识和反思愈发深入，也使我本人的专业化发展得以持久。记忆尤为深刻的是"上海对口培养云南骨干教师"项目，这是国家教育部2008年下达的一个任务，旨在通过由本市特级教师领衔的学科组开展对口培训云南骨干教师的活动（集中培训10天，网上培训一年），提升云南骨干教师实施新课程和课堂教学质量的能力。我所领衔团队的任务是在云南丽江培训70余名云南省的小学英语骨干教师。五月底接到任务，六月我又有封闭性出差3周的重任。期间我抓紧一切可利用的时间认真学习和钻研国家《课程标准》，仔细翻阅云南省1到6年级的小学英语PEP教材，作了大量的笔记。7月初放暑假后，我足不出户、夜以继日，大量搜集各种资料，整理撰写《课程标准》解读报告，归纳梳理教材的编写体系与特色，并制作多媒体课件。在自身备课的同时，还组织团队成员进行试讲，以保证所有成员的讲课都是高质量的。

本次培训要求全程录像，十天内四次向学员进行针对培训质量的问卷调查。云南省教育厅派出的专家（丽江师专继续教育学院英语系主任、留澳学者段平华教授）全程听课。昆明南大的教授在不事先通知的情况下也来听课。国家教育部和上海市教委领导分头视察。每天晚上向昆明总部的书面汇报以及最后的总结报告等等。

这是一项极其艰苦的工作，但受到来自学员和云南专家的极高评价。我所撰写的报告还作为主持人的代表作送国家教育部。我们团队的6位教师深深地体会到：与其说是我们在培训他人，更不如说我们自身在专业化发展的道路上又迈出了一大步。

同样刻骨铭心的当然还有上海市第二、第三期双名工程初中英语基地副主持人的经历。整整八年，我有幸作为特级教师、资深英语教研员刘健老师的助手，与各区县经过层层选拔脱颖而出的学员们一起，立足课堂教学，聚焦前沿问题，潜心读书研究，大胆实践探索，在各区、全市乃至其他省市发挥着辐射引领的作用。2015年学员沈弘老师代表上海参赛，荣获全国初中英语教学评比一等奖第一名；2017年4月，饱含着主持人和全体学员心血的基地专著《初中英语写作教学活动设计》一经出版便受到广泛的关注和欢迎。八年来，我们共同努力"从优秀走向卓越"。我曾发自内心地说过：感谢有你们，让我成为最好的自己！

从1980年跨入英语教师的行列，到2014年退休，我从一名普通的小学教师成长为特级教师，一路走来离不开历任校长和各级领导的关心与支持，离不开前辈、专家的扶持和引领，也离不开自己的勤于学习、勇于实践、乐于思考和善于积累。长期扎根一线的教学，每学期几十节乃至上百节的听评课，坚持不懈的学习充电，是我20余篇教育教学论文得以发表或得奖的源泉（其中"关于初中英语阅读教学中常见问题和教学策略的若干思考"获全国中小学教师论文评选一等奖）；我的10多个关于教材、教法、作业、命题等的专题讲座或微型报告，也由于其鲜活的教学案例和较强的可操作性而广受欢迎；我参与编著的多本专著、教材也曾经或正在本市的初中英语教学中被广泛使用。这一切的努力给我带来的区级以上的荣誉就多达几十项，其中包括"全国优秀外语教师"以及由国家教育部颁发的"全国优秀教师"奖。

而在大部分的时间里，我和很多教师一样，承担着两个班的教学任务。大概有整整十二三年的时间，我的生活可以用"No holiday, No weekend, No free time"来形容。假如从头再来，我还是会这样做。不为别的，仅仅是因为热爱。如今，已是我退休的第四个年头了。我依然忙碌而充实，有时甚至仍然要挑灯夜战。和年轻的英语教师们在一起的时候，我常常忘了自己已60好几了。

年轻时读过一首诗《何必为年龄发愁》，特别喜欢其中的一句：

"只要在秋天里结好自己的果实，又何必在春花面前害羞。"我把这句诗送给所有的英语老师，愿大家在英语教师专业发展的道路上结出累累的硕果！

龚玉蓉老师简介

龚玉蓉,江苏省英语特级教师,上海市英语特级教师。从教近30年,深受不同层次学生的欢迎。教学成果显著,多名学生经其指导在全国英语能力竞赛中获特、一、二等奖。教科研成果颇丰:在国家级核心刊物、省、上海市级学术期刊上发表教学论文二十多篇;承担了三项国家级课题研究,撰写并出版论著十多万字;主持两项省级、上海市级科研课题。荣获 2007—2008 年度浦东新区"三八红旗手"称号。曾担任浦东新区高中英语学科带头人和骨干教师大组组长、浦东新区中学外语学区中心组成员、上海市进才中学外语教研室主任。现为中国教育学会外语专业委员会会员、上海市教师学研究会英语教师专业委员会会员、上海市教师学研究会会员。

我与英语结了缘

——我的英语学习和教学二三事

龚玉蓉

一、结缘英语

很小的时候，家里有一个柳枝编的书架，上面整齐地排放着各种英语词典。其中有一本很厚很厚，纸张黄黄的，翻开后会散发出特殊的香味，后来才知道那是最早版本的《简明英汉词典》。当时我刚上幼儿园，但是总喜欢翻看词典最后的许多附录，主要看那里的实物图片，图片旁标着对应的英语名称。开始我只是看自己认识的实物图，渐渐地我对那些陌生的实物图感到好奇，于是就捧着词典问父亲（他是上世纪50年代复旦大学英文系毕业生）。他告诉我这个叫 milk jug，是英国人用来装牛奶的。那个叫 meat fork，是英国人用来叉肉吃的，他们不会用筷子，等等。我似懂非懂，但还是经常去翻看那些图，边看边思索父亲讲的话。这虽然算不上学习英语，但实际上是我结缘英语的启蒙，为我后来自学英语奠定了基础。

我上小学时学校不开设英语课。1968年我上初中一年级时，学校开始有英语课了，但"文革"期间，初中英语教材很简单，除了26个字母，课文只是几句政治口号，如"Long live Chairman Mao!""Sailing the seas depends on the helmsman.""Workers of all countries, unite!"等等，至今记忆犹新。由于受"不学 ABC，照样开机器"等思潮的影响，两年中基本上没学到什么。进入高中时赶上邓小平复出，学校开始抓教学质量了，但英语课本的政治色彩依旧很浓，课文多半是毛主席语录，如："The Chinese Communist Party is the core of the leadership of the whole Chinese people. Without this core, the cause of socialism cannot be victorious." "The world is yours as well as ours, but in the last analysis, it is yours." 等等。几乎没有什么生活词汇，更谈不上文学作品了。英语课本里只出现了数词1—100，我自己查《简明英汉词典》附录，学会了第一百"the hundredth"，一千"one thousand"，一百万"one million"等等。由于从小耳濡目染，我的发音比较准确，老师让我当上了英语课代表，常在班上领读。我上课很专心，能把学的内容当堂背出来，课后不用花什么时间复习，考试成绩基本上都在98分以上。我把课后大部分时间都用于数理化，各科成绩齐头并进，学得轻松愉快。1973年1月高中毕业时，我们这些"文革"之后的第一批高中毕业生被下放农村了。由于不够下放年龄，我在家待了一年多。在此期间，我读了家里书架上的一些中文版名著，有《基度山伯爵》《牛虻》《远大前程》《复活》等，也常翻看英文版毛泽东选集，感觉生词太多，看不懂。又想起那本厚厚的《简明英汉词典》，翻一翻，仍旧对附录感兴趣，并试着在词典正文里将图片名称查出来，仔细品读，就这样逐渐学会了按照字母顺序查阅单词。家里有个台式电子管收音机，我每天都用它听长篇小说连播。有一天偶然收听到上海人民广播电台播放的英语教学节目，由华师大冯慧妍教授和翁贤青教授主持播讲，便开始跟着听、读、记、背。然而，我遇到很多困难。首先，刚开始买不到教材，只能边听边记老师所教的内容，听不懂就根据上下文猜，或查词典，下课后都要认真整理，重新抄一遍记下来的内容；其次，由于信号不稳定，音量忽高忽低，有时不太清晰；另外，当时没有广播电视报，通讯、通信均很落后，无从知道该档节目的其他播出时间，很难听到同一节课内容的重播。这段时间的学习时断时续，听到的内容缺乏系统性，但我很享受这个过程，听懂的内容也记得特别牢。毫无疑问，跟广播学英语使我的听力理解和听写能力都得到了提升。

　　1977年秋冬全国恢复高考了。我当时还是个下放农村的知青，得知此讯，我立即全身心投入复习迎考。我妈妈在一所中学当英语老师,我参加了她们学校为教职工子女举办的高考辅导班,主攻语文、数学、历史和地理,留给英语的时间很少。在有限的时间里,我自学了当时的那套高中英语教科书,翻看广播英语的笔记,背单词和课文;遇到不认识的词就查《简明英汉词典》,背词典附录里的不规则动词表等,同时做一做妈妈学校里的英语考卷,有问题就查阅书架上那本葛传椝编写的《英语惯用法》,有时也会问问妈妈。苦战了两个多月,我顺利考入扬州师范学院外语系,开始正规地学习英语了。77级的同学构成多元化——有老三届的,工厂机关企业员工,也有应届毕业生,还有我这样的插队知青,等等,英语水平参差不齐。开学之初,我的听力比较占优势,这归功于听英语广播讲座。然而,不久举行的分班考试毫不留情地暴露出我相对比较薄弱的英语基础:诸如将"find fault with"、"keep an eye on the kettle"这类短语翻译成汉语,有些同学视为小菜一碟,而我却束手无策,无法准确翻译出来;还有大段的阅读理解,生词多多,看得我一头雾水,但这张考卷居然有人得了满分!我平生第一次尝到被别人远远甩在后面的滋味,不得不痛下决心,一定要"苦战"(我当年语文高考的作文题),迎头赶上!

1978年初,整个文化教育和出版界百废待兴,大学教材也不例外。我们大学一年级使用的精读、泛读、语法等教材都是学校油印的,内容不是很多。除了学好规定教材,我课外自学的内容有:精读——《大学英语》;语法——*Essential English*(上述两种教材是家里书架上发黄的老版本);听力——VOA English 900(当时还没有课本,只是跟着听),以及 VOA 的其他节目,如:"Space and Man""The American Scene"等。我特别喜欢听这些节目中播送的文学名著的选粹,如马克·吐温的 *The Adventures of Tom Sawyer*、海明威的 *The Old Man and the Sea*、欧·亨利的 *The Gift of Maggie* 等。当时,校内外阅读资源及其匮乏,学校图书馆除了一些翻旧了的简写本小说外,尚未有新出版的原版英文小说上架,新华书店原版书籍也很稀缺。由于害怕抄家,父亲"文革"前收藏的英文原版图书在"文革"中都当废品卖了,只留下几本教科书。我在图书馆多半借些中文小说,偶尔去阅览室翻看有限的几种杂志,如《英语学习》、*Peking Review* 等。一段时间之后,发现仍然赶不上基础好的同学,尤其是词汇量远远不够,于是又发奋突击记单词。我看到生词必记，大大小小的笔记本统统写满单词及其音标、词性、中文释义，床边的墙上也贴满了。小本子带在身边，随时随地背；大本子放书包里，上大课、开会也拿出来看。起五更睡半夜，熄灯后，宿舍走廊，学校传达室都是我记单词的地方。手忙脚乱，边记边忘，有时还会混淆起来。于是，我开始琢磨巧记单词的办法。有一次碰到单词"contagious"，怎么都记不住。查《简明英汉词典》找到例句：Laughter is contagious.，又联想到另一个情境：一个人打哈欠，他周围的人会不由自主地跟着打哈欠。据此，我造出个短句"Yawning is contagious."，每当看见有人打哈欠或自己打哈欠的时候，脑子里就会蹦出这个句子。这样借助熟悉的情境，词不离句，果然记住了。后来我一直采用结合情境，将生词编入短句或短语中记忆的方法，专门对付不常用到或容易混淆的单词，减少了许多无用功。然而，即使我在课外下了很多苦功，记单词耗时也不少，由于语音、语法、精读、泛读、听力等课堂上老师使用的术语不尽相同，上课时我还会遇到些困难。以语法课为例，当老师说"General Question""Subordinate Clause"等语法术语时，我又晕乎乎的了。当时张道真的《实用英语语法》、章振邦的《新编英语语法》均未出版，一时找不到完整的英汉对照的语法术语表。我不得不着手把 *Essential English* 中出现的语法术语都摘抄到单词本里，再查英汉词典找出相应的汉语，并一个个标出来，每天背一点。语法术语既枯燥又难记，于是我想了个办法 。如：在记忆"Disjunctive Question（反义问句）"时，紧接着跟进一个问题"You are a student, aren't you?"，这样把语法术语配个例句，记忆深刻多了。另外，语音课上常用到的"phonetic symbols""vowels""consonants""diphthongs"等等我也不放过，全部收入单词本加以记忆，在每节课前把相关的术语再复习一遍，提高了识记单词的效率，听课终于轻松多了。

我们 77 级英语系的同学个个努力学习，如饥似渴，学业成绩水涨船高，有人在读大一时就能看 *Peking Review*，且游刃有余。到了大二，随着新发行的原版小说逐渐在图书馆上架，他们能一本接一本读完，驾轻就熟。在他们的影响下，我也跟着啃原版名著了，记得我读的第一本是 *Pride and Prejudice*。虽然有生词障碍，还要分辨一堆人名和地名,进展缓慢,但好像有磁铁吸引着我渐渐进入原版小说的仙境。刚开始我只是追求了解故事情节,后来情不自禁地用铅笔划出精彩的语句,并做一些摘抄,偶尔也和同学对小说的人物描写进行评论。有时会看第二遍,这时阅读速度快多了。精泛结合地读原版名著能进一步扩大词汇量,加快阅读速度,加深对作者创作意图的理解,但最重要的价值在于通过与作者的无声对话,读者潜移默化地学会用英文思维,并试图使用地道的英语来表达。我们读大四那年,学院首次聘请了外籍教师,专门执教泛读和文学欣赏。我们的外教是个美国人,年纪轻轻但留着 moustache,身高足有一米九,据说是一所大学的文学博士。他的教学方法和我们习惯了的传统教学方法都不同。他将阅读材料提前一周下发,并布置阅读范围。我们按照以往阅读课的预习方法,读一遍指定范围,查出生词记一记。第一节课,外教 Kessler 先让我们翻到第一页,问了一句"Any questions?" 没有人提问。翻到第二页,Kessler 又问道,"Any questions?"大家都摇摇头,还是没人提问。就这样没几分钟就把指定页码过完了。由于师生之间缺乏了解,外教的第一节课无法按预期进行,可见文学博士备课时没有充分考虑学生。后来得知,事实上外教对学生的预习要求很高,远不是走马观花,读懂字面意思,记几个生词所能达到的。他提倡课前自主阅读、理解和探究,即 critical reading;课堂进行交流,意在激发 creative learning;其间,老师充当 instructor,给我们释疑、解惑和指导,有时也会提出问题供我们讨论,比如,在读完 *The Old Man and the Sea* 之后,他提出 "What do you think the skeleton of the fish represented?"并引导和鼓励我们大胆发表不同的见解。我们一直接受着传统的中国式教学方法,对外教的这种教学方式经历了从排斥——认同——配合的过程。几经磨合,在外教的课堂上,我们开始此起彼伏地提问,阐述各自对作品的看法,互相争论不休,甚至大胆质疑外教的观点。而外教常用 "Your opinion sounds good!"或"You may hold your view."等等来保护大家的积极性。下了课我们还意犹未尽,继续探讨,不知不觉地为日后撰写文学评论拓展了思路。得益于这种教学方式,我们班同学都能写出较高质量的文学评论,我的毕业论文"My view on the skeleton of the fish"获得了全年级最高等级。

回眸自己接触英语、习得英语的经历，一方面感叹环境和资源对语言学习不可小觑的作用：小时候《简明英汉词典》附录的启蒙，父亲不经意的指点和熏陶，母亲的答疑解惑，电子管收音机播放的英语教学节目和 VOA 的广播等等，同时更感慨自己多年来坚持不懈的努力。即便后来走上教师工作岗位，我对英语的钻研也丝毫没有懈怠。

二、教海续缘

1982 年 2 月，我大学毕业后，被分配到一所江苏省属重点高中任教高一年级英语。起初我天真地以为，有了四年读大学的积淀，加上几个月教学实习的基础，教高一的毛孩子还不是绰绰有余！我猜校方也存同样心理，对我非常信赖，认为我是恢复高考制度后的首届本科生，竟然没给我配指导老师。为了不负众望，备好上好第一节课，我把实习时留下的备课资料拿出来参考，尤其是那份我代表实习生上汇报课的教案（该教案先后修改了七次）。终于一切准备就绪，我感到底气十足，带着满满三大张备课笔记和课本走进课堂，十分自信地说了声"Class begins! Today we're going to learn a new lesson. Would you please open your books at page one?"可是下面没动静，我以为声音太轻，便提高嗓音又重复了一次。这时，有同学在笑，有同学开始交头接耳，还有的不敢抬头看我，真让我有点措手不及。刹那间 Kessler 给我们上第一节课的情景掠过脑海，我稍稍镇静了一下，用汉语解释了一遍，并问他们："你们没听懂是吗？"有学生点点头。我当即决定不急于按原计划上课，先让学生熟悉最基本的课堂用语和最常用的交际英语。就这样，我的第一节课在介绍和操练课堂用语和日常英语中结束了。虽然我没能完成预设的教学任务，但我颇感欣慰的是，经过这一节课的交流，大多数学生都能听懂我的指令，并做出积极反应，他们也能用简单的日常用语互相问候了。然而这节课的真正价值在于，学生对用英语授课从听不懂到听懂，从低头不语到主动交流，由此迈出了摆脱聋哑英语的第一步，同时减少了和我这个新老师的距离感。这届学生是我的开门弟子，1982 年 2 月进入高一，学制两年半，1984 年参加全国秋季高考。当时英语高考不含听力、口语,题型基本上以语法填空、句型转换、缺词填空、中译英等为主,尚未引进 Multiple choice 多项选择题,阅读多半采用正误判断和问答题等形式,主观题的比重很大。由于与课本配套的练习册寥寥无几,我们必须根据学情,常常将自编自刻写的同步练习印发给学生做,以巩固所学知识。自从教的第一年起,我就开始和分配在一些重点高中的大学同学书信联系,搜集和交流练习和试卷,同时共同研究高考命题要求和题型变化等信息。高一年级侧重打好基础,适当渗透高考要求。在这忙忙碌碌的第一年里,我最大的收获是慢慢学会和学生交流,虽然我尚未接触到教学理论,但已经有了一心为学生的意识和行动。毕业二十年后,他们齐聚母校。我当时已被引进至上海市进才中学,他们千方百计地找到了我的联系方式,反复诚邀我这个只教了他们一年英语的老师参加他们的聚会。在他们的同学聚会上,大家深情地回忆和我一起度过的时光。有一个同学说:"在你第一节课上,我没想到你会像击鼓传花一样让每个同学都来回答问题。我当时坐在最后一张课桌,本想能躲掉,但还是被老师捉到回答"May I know your name, please?"。其实老师坚持用英语上课还是挺好的,我们后来都很习惯了,尤其进大学以后,我们的听力还真沾光呢!"另一个同学说:"有一次我在作业里犯了个很幼稚的语法错误,老师用红笔画了个大大的圈,而没打个大红叉。后来您叫我到办公室,让我订正好,我至今还记得清清楚楚。"有个女生说:"开始老师给人的印象是不好接近,但时间一长,觉得您人挺好的。有一次我英语考得不好,您到我宿舍和我谈心,得知我家里出了事,心情不好,您非常善解人意,边安慰我边帮我出主意,我很感动。"当时的数学课代表接过话茬说:"我的英语是瘸腿,但主观上是想提高的。您知道情况后,上课经常给我机会发言,课后常给我指点学习方法,不厌其烦地回答我的问题,还经常鼓励我,使我增强了学好英语的信心,高考我的英语考得很好,得归功于您在我高一时为我打下的基础。"英语课代表说:"老师,您出考卷总喜欢从英语报纸杂志上节选一点内容,编写几道问答题,作为阅读附加题,试探我们能否看懂,当时觉得好难好难。记得有一次您选的是关于未成年人骑自行车要戴 helmet 的新规定,考试的时候我不认识 helmet 这个单词,打那以后我就记住了，一直忘不掉。"我暗自思忖：这和我如何碰到和至今仍然记得 keep an eye on the kettle 的经历是何等相似！没想到，我学习英语的经历还为后来学生的学英语打开一扇窗呢。

常听人说我是个追求完美的人，但我深知"No one is perfect."。打从第一天站上讲台，我就会很自然地即时回顾每节课需要改进之处，或许就是学会反思，边干边学吧。上世纪 80 年代中期，我们开始实施课文整体教学，教材教参均未提供"Reading comprehension exercises"，我们得根据课文自编是非判断题、问答题等，以了解学生预习与理解课文的大致情况。当时可利用的教学手段只有粉笔和黑板，外语教师办公室有一块可携带的小黑板，我通常事先将小黑板的两面各写上 4、5 个是非判断句，随堂带进教室，适时挂起来让学生练习正误判断与问答。刚开始学生感到新鲜，几十双眼睛聚焦小黑板，齐声回答"Yes"或"No"，效果不错。可是不久我发现看小黑板的人在减少，回答的声音也不那么整齐了，说明这种单一的集体活动使得学生兴趣减退，课堂气氛走向低迷。我及时调整为让学生逐个回答，其他同学确认"Yes"或"No"，必要时依据课文给出解释或理由。在英语基础较好的班级，我尝试了挑战性更大的做法：学生合上课本，听我读是非判断句，每句听两遍，然后回答"Yes"或"No"，必要时得从课文中找到依据。有时我组织学生讨论，也有时和学生调侃几句，以调节课堂气氛。学生对这样的听力理解从害怕到接受，久而久之，他们的听力和理解能力均得到较大提高。我当时的这些做法在 21 世纪的今天或许都是司空见惯的，并没有什么过人之处，但是在我国改革开放尚未全面实施的那些年代，英语教学观念陈旧，教学手段落后，教学资源极其匮乏的背景下，我不断反思教学，在实践中摸索出来一些形式多样的方式，确实能使学生在上课时眼睛亮亮的，积极思考，主动交流，还不时记下各自感兴趣的知识点，真正做到了眼、耳、脑、手并用。同时，我十分注意"察言观色"，随时调整教学步骤，使课堂气氛有张有弛，让学生在比较愉悦的英语环境中习得英语，提升英语技能，确保了英语课堂教学的有效性。

我经常反思的另一个问题是词汇教学。刚开始当学生问及近义词的区别时，我只是简单地照本宣科，把惯用法上的例句和讲解抄在黑板上,并要求学生记下来,以为这样他们就能搞清楚,但事倍功半,效果很不理想。有时候我们也求助于外教,作为 native speakers,他们常回答道:"I only know what to say, but I don't know why."。事实上在很多情况下,词与词之间的区别只可意会,不可言传。于是,我着手去探讨帮助学生学习近义词的方法。回想起自己当初学英语时记忆单词的那种方法——将单词编入短语或句子中,构成熟悉的情境来识记,感到比较可取,便建议学生试试。比如,normal、regular、common, usual 等同义词的提问频率很高,学生为汉语的"常"字所困。我梳理了一下,建议学生记住以下词组和短句:

1. normal body temperature   正常体温
   Everything was back to normal after the vacation.
   假日结束后,一切都恢复正常了。
2. regular customer   常客/老客人
   regular work/pay   固定工作/报酬
3. common error   常见错误
   common disease   常见病
   It's common that ...   ……是司空见惯的。
4. my usual supermarket   我常去的超市
   do ... as usual   照常进行……

实践证明,这样的整体输入能避免汉语"常"字的干扰,比用汉语解释更有效,也与后来提倡的借助"word chunks"来学习英语不谋而合。不难看出,学生通过类似的训练可逐渐培养英语思维,在运用时便可以能动地整体输出,为日后用英语正确表达(如汉译英、英语写作等)打下良好基础。

来自学生的反馈信息也能给我提供一些改进教学的思路。有一次讲解完定语从句,我即让学生拿出讲义做巩固性练习,这是讲语法的老套路。有个学生提议说能否选择比较有趣的句子练练。我当即在黑板上写出"That that that that student used was wrong."。看到这个句子,课堂气氛立刻活跃起来。大部分同学都一口气读了 4 个 that,可是觉得不对劲,便你一言,我一语,争论得炸开了锅。我便因势利导,提示道:"Which 'that' can be in quotation mark?"有些同学回答，"The second one."。我又说："Can you read out the clause？"有几个同学答道："that that student used"，关键部分他们处理得很好：从句中第一个 that 是关系代词，弱读；第二个 that 是指示代词，相对重读。我简洁明了地点拨几句，然后再给学生时间去体会，并正确朗读全句。学生的眼神告诉我，他们很过瘾。课后有人还不放过这 4 个 that，问我第一个和第 3 个是不是同样的作用等等。可见，操练方式的微调，不仅能激发学生的兴趣，而且还能让学生的学习积极性从课内延伸到课外。

　　三十年的从教历程实际上是我不断学习、丰富和完善自己的过程，是我英语学习的继续，更是我与英语的情缘渐深渐浓的过程。备课时查阅词典和资料、闲暇时阅读报纸杂志和教学理论著作，借助网络阅读时文，听各种观摩课等等，都是我专业发展不可或缺的。此外，学生也是我学习的重要资源之一。以制作多媒体课件为例。进入 21 世纪，多媒体走进课堂，教师尚未来得及熟练掌握电脑技术，我们的学生却早就驾轻就熟了。我的第一份 PPT 课件就是学生帮忙制作的，他们还教会我自制多媒体课件和表格。我上网阅读时看到 facebook 这个单词，一开始不明白它是个什么玩意儿。有学生主动演示 facebook，并展示了其用途，让我茅塞顿开。我深切地体会到，师生是一个学习共同体，我们互相学习，相得益彰。记得在"非典"爆发初期，SARS 在英文报纸杂志上频频出现，我知道那是个刚刚出炉的英文新单词，代表"非典"，讲课时一旦有机会，就将 SARS 编入例句，自我感觉很新潮。不料，有一天刚下课，一个学生就来问我这四个字母分别是哪四个单词的缩写，究竟是什么病？为什么这么致命？我真的被问懵了，不过依稀记得 China Daily 某个地方确实有这四个字母代表的单词，只是当时没往心里去。我随即去阅览室翻阅 China Daily，找到 SARS（Severe Acute Respiratory Syndromes），把这四个单词及汉语"重度急性呼吸道综合征"抄在卡片上送给她。若不是学生来问我，没准至今我还是不清楚 SARS 的原意。学生的求知精神驱使我在阅读英文报刊时做个有心人，并拓宽阅读范围，从阅读纸质的 China Daily、Beijing Review 到上网浏览 The Guardian、The New York Times 等境外报刊，同时摘录一些信息，争取在第一时间传递给学生。

我曾做过这样的"傻事":2003 年 10 月 15 日,我国第一艘载人宇宙飞船"神舟五号"飞向太空。我得知宇航员杨利伟将在第二天清晨 5 时左右乘返回舱着陆,届时中央电视台英文频道将实况转播。我一心想得到该消息的英文版本,并能在第一时间告知学生。夜里两点多钟就醒了,打开电视机守候着,终于等到了"神舟五号"成功着陆、杨利伟平安回到地面并"走出"返回舱的历史性时刻。英文频道在实况转播的同时,将这则消息的英文字幕在电视机下方不断滚动播放,我一字不漏地抄下这则 NEWS FLASH,早早地赶到学校,迫不及待地在早读课前将这则 News 抄在黑板上。当同学们走进教室,看到黑板上的英语新闻,都顾不上放下书包,纷纷开始朗读起来。有的同学还拿出笔记本,抄下了 manned spaceship,Shenzhou V 等单词,这是我所见过的最不一般的早读!

　　跨学科,向非英语专业的教师学习,也是我获得专业发展的途径之一。英语阅读材料内容涉及很广,教科书也有一些科普知识方面的课文。多年来,我常常求助于非英语学科的老师,先理清楚相关的学科知识,确保理解到位。如有一篇关于植物细胞分裂的阅读文章,由于我不太了解这方面的知识,就请教生物老师,这样更有助于我对这篇文章的正确理解。另外有一篇阅读说的是地壳运动的规律,我有点吃不准其中的某些专业术语,随即找地理老师帮助解惑。1986年我任教高二年级,有一篇课文 Walking in Space,介绍人类历史上第一位宇航员的第一次太空漫步。当时我不太明白何为太空漫步,对宇航员系着绳子走出飞船很好奇。我请物理老师给我讲解了宇宙飞行方面的知识,如宇宙飞船的结构,发射和飞行原理,为何宇航员在没有地球引力的失重条件下倒立喝水、吃饭等,我第一次听说"宇葬",即把人类的骨灰带上飞船,撒入太空。跨学科学习交流,丰富了我的知识,改变了单一的知识结构,使我能够在英语教学中结合学科知识和学生共同探讨,帮助他们扫除障碍,更透彻的理解原文。同时对培养学生的跨学科意识,建立复合型知识结构,具有不同凡响的意义。

　　随着教学改革的不断深入,英语高考的改革也方兴未艾,高考试卷不断提高对学生阅读能力的要求。根据上海市英语课程标准,学生在高中三年累计阅读量应达到 60 万字以上，仅仅依靠教科书远远不够。我申报了上海市重点课题"新课程背景下教材的校本开发研究"，历时两年，课题成果《高中英语泛读》由龙门书局出版。全套书共 6 册，每学期使用一册，每一册均有与课文配套的 6 个单元，每个单元有 12 篇阅读文段，基本上围绕单元主题展开。如教科书第一册第二单元主题为 Hair care。我们编写了 12 篇与之相似的文段，内容有"eye care""tooth care""ear care""skin care"等等，每篇文段 400—500 个词左右。我带领我校外语教研组全体教师利用节假日，翻阅原版报纸杂志，搜寻、筛选、改编文段，并编写阅读理解题，然后请复旦大学、华师大等大学教授审稿、修订。在整个编写过程中，外语组的老师阅读了大量资料，认真研究教材、课程标准和高考要求，倾听了教授们的指导，大大提升了专业素养，整个教师团队的专业发展都迈上了新台阶。从学生方面来说，校本泛读教材的实施，保证了阅读量，拓宽了视野，提升了人文素养和学习品质，他们的阅读理解技能成功经受了高考的检验。

将英语学习与教学研究融为一体，以学助研，以研促教，是我一直以来的自觉行为。早在 1996 年，我就参加了全国教育科学"九五"重点课题"中外母语教材比较与研究"，全国教育科学"十五"重点课题"中外母语教育比较和我国母语课程创新研究"，完成论著、译著、评介等研究成果计 20 多万字。2000 年江苏教育出版社出版《英国语言、英国中等教育述评》《英国语文教材选粹》《英国国家课程阶段 4 GCSE 英语课程标准》《加拿大初中语文教材选萃》《加拿大语文课程标准》。2007 年凤凰出版传媒集团出版《加拿大大西洋地区十二年级文学课程标准述评》《加拿大初中英语教材译介》《澳大利亚语文教育》。其中，《加拿大大西洋地区十二年级文学课程标准述评》被收入"十一五国家重点出版图书项目"。不断的学习、不停的探究使我有话想说，有言欲发，便萌生了撰写论文的念头，先后在国家级、市级重点刊物上发表了《让学生的知识、能力、意识有机结合》《新课程改革与课堂教学的不确定性》《建构自主型高中英语课堂的思考与实践》《阅读教学与阅读训练指导》《让学生在课堂上动得更有效》等学术论文。

　　我曾率学生代表团赴英国、美国和澳大利亚的重点高中交流,在和 native speakers 交往中,我不止一次地碰到同样的话题:"You speak excellent English. Where did you learn English? In Britain?"我每每自豪地回答:"In mainland China!"自幼有缘感知英语,至今教海续缘英语……如有来世,我还会撬开学习英语的大门,还要永无止境地探索英语教学的奥秘。

徐子祥老师简介

　　徐子祥,任教于建平中学,上海市英语特级教师。从教近四十年,始终立足于教学实践,潜心教法研究。在长期的教学实践中所探索的"情景教学法"注重语言情景的创设,让学生在与真实生活相近的情景中学习英语、体验英语、运用英语,取得了令人满意的成效,形成了自己的教学特色。先后发表了《英语课上重构师生关系》、《精心设计语境、活学活用语言——高中英语教学中 SMT 模式设计和实践》、《激发学习动机,感受学习乐趣》等论文。曾获"上海市园丁奖"。

坚守三尺讲台，心系学生发展

徐子祥

大学毕业后走上三尺讲台，弹指一挥，从教已近四十年了。

中国有句谚语："人在世上练，刀在石上磨"。意思是：刀要在石头上磨砺才能锋利，人要经历世事，经过磨炼才能懂得道理，才能成就事业。四十年来，对教学的执著、对学生的关爱、对教育事业的热情从来没有让我停止过磨炼。

浦东崮山路、杨浦大桥桥畔的西侧矗立着一所普教系统的金字塔—上海市建平中学。过去的三十多年见证了这所学校的发展和学生的成长。期间包含着教育者为它构筑金字塔所付出的辛劳和智慧，也传诵着许多动人的故事，我有幸成为构筑这个金字塔的一员。

执著的坚守　无声的耕种

1978 年我毕业于位于奉贤海边神秘的"上海外语培训班"。当时为了解决外交工作人员青黄不接的问题，直接从中学招收根正苗红的学生作为培养对象。经过百里挑一、三代政审，我成了培训班的学员。在干校的四年里，我一边参加劳动，一边系统、专业地学习外语，期待着毕业后充实到外交队伍中去，后因"文革"的结束，培养计划随即被撤销。像许多学员一样，我被分配到当时的川沙县建平中学，成了一名中学英语教师。由未来的外交官变成普通的中学教师也许对我而言是一份遗憾，但是，面对当时落后的郊县的中学英语教学,用系统的专业知识和严谨的教学去改变落后的面貌现在来看可谓是一件幸事。

2016年8月,我收到了1987年毕业于建平中学、曾任联合国同声翻译的张彪兵先生写的一份报道。这份名为《忆八十年代建平中学英语教学点滴》的报道对当时建平中学的英语教学如是说:"在当时相当艰苦的环境下,学校和老师想方设法创造学习英语的环境。英语教研组长徐子祥老师每天背着书包,书包里除了教科书和批改的作业外,还有一台破旧的收音机,骑着这一辆永久牌自行车穿行在寒暑之间,除了备课和批改作业,他就是收听外语广播;除了日常教学以外,他还担负了课外英语兴趣小组的辅导工作。他流利的口语、渊博的知识和潜心的辅导提高了我们的语言能力,拓展了我们的视野,使我们受益匪浅"。读了这份报道,我感慨万千,昔日的建平外语教学像电影一样开始回放。

说起当时建平中学的英语教学情况,我至今还清晰地记得教学条件相当艰苦,除了一本教科书和一盘课文的录音带以外,其他什么资料都没有,更谈不上录像和网络视频了。听说华东师范大学出版社出版了《英语听力入门》(Step by Step)大学听力教材时,我马上坐上当时的黄浦江摆渡船去福州路外文书店购买这套教材。教材中的原汁原味的英美有声读物,加上各种背景的声音,学生当时听上去感觉很新颖、很有趣了。每周三下午的听力辅导课,学生端坐在录音机前面,我放入磁带,按下按钮,从喇叭里传来了英语的声音,同学们有的竖起耳朵仔细收听,有的埋头记录,然后进行问题回答或者复述,那种认真和虔诚至今还历历在目。

上世纪八十年代,大学里流传着影印版《新概念英语》。其丰富的内容和地道的语言非常适合学生作为学习英语的拓展教材。我决定把它推荐给他们,结果受到师生的热烈追捧,为孩子们学习外语和了解西方文化打开了一扇窗。

1988年,我意识到口语会话将在英语使用中发挥重要作用,提出了独立开设英语口语课的设想。后来通过多种联系和争取,终于从当时的上海海运学院请来了两位外教,一位是澳大利亚人,一位是新西兰人,都是50多岁的女士。她们每两周来学校一次和学生进行交流。第一次听老外讲外语，大家除了觉得新鲜、好奇以外，能够听懂的并不多。第二次、第三次、第四次，学生们终于开始听懂，并且敢于提问，甚至于在课堂上与外教展开辩论。外籍教师进中学课堂在当时是十分稀奇的事，这些短暂的交流却给孩子们的外语学习带来了可喜的效果，打破了与外国人面对面交流的神秘感，增加了他们外语学习的自信心。

在当时的条件下，外教进课堂、使用原版教材、开设兴趣小组等形式确实给当时的外语教学增添了几分亮色。

八十年代，教育落后，教师待遇低。国门打开后，许多青年教师，特别是英语老师开始把目光投向了外面的世界。怀着各种梦想和心愿的年轻人，纷纷踏上了出国之路。美国、加拿大、澳大利亚、新西兰等国家都成了他们的选择。当时我所工作的建平中学，出国的加上跳槽的，外语组一下子少了四位青年教师。出国热开始引起更多老师的向往和躁动，作为教研组长，我感到肩上的重任。毋庸置疑，有追求的人不能把个人的利益放在第一位，要把学生装在心中。于是，我下定决心，要在建平这块沃土上继续追梦。老师不够，我就一人教三个班。每天，在白天喧闹的校园之后，在夜深人静之时，我便在办公室听英语广播、备课、批改作业、打印练习，乐在其中。

经过两年外语教师的引进和调整，外语组又开始人丁兴旺起来，外语组的引擎又开始转动起来。特级语文教师毛承延在他的《长篇诗歌》中对当时的建平外语教学状况是这样描述的：

在那个酷似焦急、灼烧、翘首的追求里

你决定坚守一专一与二十六个字母

只有专一才能稳住自己

稳住自己才能稳住大家

稳住课堂

自律勤勉，他将每一寸光阴放大

他把每一滴汗洒下课堂

横的倒边，纵的到底

忙碌在砚田恳稼中

正是有了他—主引擎的带动飞转

—摘自毛承延的《长篇诗歌》，2014年由天津出版社出版。

建平中学的成绩档案册至今还清晰地记录着我所带的班级和辅导的学生在高考和上海市、区英语竞赛中所取得的成绩：徐子祥老师教授的2006届文科班和理科班的平均分均超过132分，所负责的备课组英语高考平均分达到129.50分，名列上海市第二。经徐老师辅导的初、高中学生参加上海市各类英语竞赛屡获大奖，获奖人数达上百人次。其中，荣获上海市英语竞赛一等奖的学生有20多人次，溪洁云同学高考英语得146分，获得上海市单科高考状元。熠熠生辉的成绩为建平争得了荣誉。

1992年，我被破格晋升为上海市高级教师，那年我34岁。

1994年，我作为建平中学的奠基人被收入到《奠基者的风采》一书中，并于1994年4月由复旦大学出版社出版。

把握心灵的脉搏 用爱对待每个学生

有人说："教师的爱是春风，能融化孩子心头的寒冰。"

陶行知先生说过："您的教鞭下有瓦特，您的冷眼里有牛顿，您的讥笑中有爱迪生。"就是说，老师在教育学生的时候不要带入自己的情绪，要有爱心，要平等公正地对待自己的学生。

每一个班级都有优秀生，他们是老师的宠爱、班级的明亮珠贝，但是每个班级中还存在一部分学业成绩偏低的后进生。他们或是学习困难，或是表现不尽如人意。他们往往是班级中暗淡的泥沙、碎石，但是如果老师关爱他们，对他们进行不一样的调养孕育，他们成为光华四溢的珍珠亦非难事。

2009年9月我新接了高三（6）班的英语教学任务，班中小吴同学是英语学习非常困难的学生，从其他老师那里得知，150分的成绩他从未超过70分，老师们对他的思想工作做得不少，但都收效甚微。大家都认为他已不可救药，成了班级英语学习的老"后腿"。

又是一次高三月考，他根本无法在试卷上答题，而是趴在桌子上睡觉。到快要交卷的时候，我注意到他在试卷上写了这样一段话：

铃声快要响了，我离零分又近了一步；

老师，我用零分迎接你，多么难为情啊！

老师，如果劝我学外语，省了这份心吧！

我是一个无用的人；

老师，如果要在班级批评我；

请给我留一点自尊心吧；

欢迎你，我的零分。

看着这份龙飞凤舞的答卷，面对这么一个不求上进的学生，我当时确实非常生气，很担心他可能要拉班级的高考平均分。

冷静之后，我把纸条又看了几遍，纸条中的有些内容引起了我的关注："老师，用零分迎接你，多么难为情啊！老师，如果要在班级批评我；请给我留一点自尊心吧。"

我决定找这个学生谈谈。我没有直接对小吴同学进行批评教育，而是让他把纸条上的内容当着我的面读了一遍，并要求他用公正的字体重新抄了一遍，接着把两份书写放在一起进行对比。

"字写的比试卷上的好多了，端正、漂亮，"对他的第二张书写的字体我首先给予表扬，双方紧张的情绪明显得到了缓解。

接着，我说："小吴同学，你愿不愿意像刚刚抄写一样，把纸条的内容也重新改写一下呢？

"怎么改呢？"小吴问？

"老师与你一起改。"说完，我与他一起把纸条的内容重新整理如下：

零分，我的好朋友，

你在慢慢向我走近。

你也认为我是一个无用的人吗？

不，不是，请不要这样认为；

请不要这样走近。

我是一个有用的人；

我是一个有自尊心的人；

零分，我要与你说再见。

纸条的内容改成了小诗。

"嘿,这是一首不错的小诗呀,诗有韵、词有志,从你的书写和小诗中可以看出,你是一个不甘心于面前这种学习现状的人,你是有追求的人。"我对小诗给予高度的评价。小吴同学看出了老师的用意,脸上露出了笑容,本来可能对立的对话被这首小诗带来了意想不到的效果。

经过一段时间的观察,发现小吴同学的英语词汇量不大,但是思维水平一点也不差。浇水要浇根,帮忙要帮心。我想还是要从教学入手,要树立他的学习信心,把他从困难的队伍里拉出来。

一次,我在分析一篇英语阅读材料的时候,其中有一个段落尽管没有生词,但是学生却不理解它的含义。

The wind was blowing from the south, and the flowers lay moving from side to side in the wind like a bunch of drunk staggers.
When sky is clear, we can never hear the bell ring in the church in the distance. As I was enjoying the cool wind, an old woman walked past saying, **"That's the church. I can hear the bell ring."**
Question: What does the woman mean by saying *"I can hear the bell ring"*?
A. It is going to rain.   B. The old woman's hearing is good.
B. The church is not far away.   D. The bell rang louder.

本文的答案是 A 。"It is going to rain"。我问哪位学生能够解释为什么是 A 的答案时,不少学生都低下了头,但是小吴同学却令人意外地举起了手。他站了起来说道,根据文章中的 When sky is clear, we can never hear the bell ring from the church in the distance 所提供的语境,说明天气晴朗的时候刮的是北风,教堂的钟声随北风而去。因此,人们在南边一般是听不到教堂的钟声,现在老太说她能够听到钟声了,说明风向变了,天气变了,预示着要下雨了。

他的解释令人信服,也让大家对他刮目相看。我趁热打铁,对他进行了表扬,"小吴同学能够通过上下文的语境进行分析,推断出文章的隐含意思,这不仅说明他很聪明,而且还表明他充满了生活经验和智慧。"

一阵静默之后,班级中突然爆发出一阵热烈的掌声。

经过一段时间的悉心指导和大家的鼓励,小吴同学终于驱散了心中的阴影，增强了与零分告别的勇气，经过一年的努力，在 2015 年高考英语考试中他获得 128 分的高分。

2000 年暑假开学，高二年级组长吉老师因工作需要调到了浦西的某所中学任教，需要有一位老师出来接替年级组长这份工作。大家知道，年级组长的工作庞杂，责任重大，从学生的日常行为规范到全年级的教育教学质量管理，样样都要管，事事都要实，是份"苦差事"。为了保证学校工作平稳开展、确保高三毕业班复习工作有序进行，我挺身而出，主动揽下了这份"差事"。从 2000 年开始，一干就是十五年。

在我的教育生涯中，我更愿意跟孩子们在一起，特别钟情于那些学习有困难的孩子。2003 届贵州学生奇同学便是其中一个。

他作为一个特殊的学生进入建平学习，远在贵州的父母都是普通的农民，生活贫困。作为年级组长和他的英语老师，我知道如果父母不在身边，得不到关心和温暖，往往会给孩子造成许多心理缺陷，对这样的孩子应该倍加关心。征得爱人同意后，双休日我开始把小奇同学领到家里过周末。他的外语基础非常薄弱，我便利用周末的时候给他补补课，还和他谈笑，让他开心。小奇家里的生活条件不好，除了帮他申请助学金外，我还主动承担了他在学校部分午餐的费用。年级的师生都知道，小奇同学是徐老师的"宠儿"。

同学们也自发地组织起来关心和帮助他，老师和同学们的帮助让小奇同学感到了集体的温馨，顺利地完成了在建平的高中学习任务。

2006 届高三，有位英语老师生病，我一个人超工作量地带了两个班的教学任务，再加上年级组长工作。每天忙里忙外，一刻不得闲，但我还是将每件事做得尽善尽美。

信念、坚守、敬业的精神感染了身边的每一位老师，感动了每位学生。那年，在学校的领导下，我们的团队在高考中一往无前，取得了建平史上前所未有的辉煌成绩：高考一本率达到了 94%，其中，考进复旦的学生近 78 名，英语高考成绩位列全市第二，仅次于上海中学，各学科综合成绩名列上海第三，一时间被人们誉为上海的第五大名校。

考进清华并担任清华大学学生会主席的兴隆同学在第 30 个教师节届庆祝大会上是这样评价的："尽管你肩负着年级组长的重任，但却从来没有把我们摆在第二位。您从不放弃任何一个学生，让我们每一位学生 100% 没有疑问。您不仅教我们如何学习，更是教我们如何做人。"

那年，我被第二次评为感动建平人物。学校的颁奖词是这样写的："作为老师，您在大家心目中是学术权威、德高望重；作为党员，您处处以身作则，是大家学习的楷模。"2007 年，我荣获"上海市优秀园丁"的称号。

毛承延老师的《长篇诗歌》中的这段诗歌对我的理想和执著的描述一语中的，恰如其分。

他受命于世纪之交、建平大决战之际

像一根树枝，离开它新的开端

将神圣的职责探出更远

把天空的繁星

看重他的果实

把肥沃的土壤

看作他的根系

阴雨走过的时候，弯曲一些

风云覆压的时候，再弯曲一些

信念在积极行动中得到加强和磨砺

不忘初心　砥砺前行

读过外语的人都知道，一周不听、不读，外语就会生疏起来。培训班毕业后，除了教书，我就是继续给自己充电。收听外语广播、阅读原版杂志和小说、练习口语成了我课余的主业，几十年来，持之以恒，从未间断。写字台上整齐地排列着各种英语参考书和英语词典，它们成了我的学习和工作的好伙伴。八十年代，周日逛外文书店，买英语书成了我特别的爱好。

台子上的一本影印版浅绿色封面的"Reader's Digest"引起了组

内一些年青教师的好奇，我如数家珍地告诉他们："这本读者文摘是八十年代出版的，定价8角5分。这是一本美国最有影响力的杂志。里面的每篇文章通过精心挑选，语言地道，图片精美，风格以温情和人性见长，是外语专业人士喜欢的读物。"由于当时中美还没有达成关于知识产权保护的谅解备忘录，许多原版书还不能在国内正规出版，只能通过影印版的形式在内部发行。当时上海外文书店三楼有许多这样的内部交流原版书，须凭单位介绍信才可以上去翻阅。于是，那时每个月起码有一两次要去那里选购和阅读，一待就是半天。当同事们问，"你的英语水平教中学英语绰绰有余，为什么还要这样努力学习？"我告诉他们："只有不断地学习，不断地充电才能站得住这个讲台，稳得住学生。"我想教师的幸福不仅在于把知识传授给学生，还在于自己不断地自我充实和成长。只有学而不厌，才能诲人不倦。

拳不离手，曲不离口，几十年的勤学苦练，使我的英语语言能力始终保持在娴熟的状态。我先后为几十批到访的外国教育代表团进行同声翻译，用英语进行学术交流和作讲座，用英语写论文进行发表；帮助组内许多老师修改英语教案，为学校翻译对外宣传材料等，被老师们誉为"半个外国人"。

1995年，国家教委从全国中学教师中选拔优秀教师赴美参加AFS文化交流，上海获得两个名额。报名参加考试的教师均为上海各重点中学的教研组长和骨干教师。经过严格的筛选，我最终在上海地区以第一名的成绩被选中前往美国参加为期一年的外语进修。

2002年，浦东新区组织全区英语教师进行专业考试，我又一次名列前茅，并被浦东新区社发局任命为团长，带领新区40名英语教师前往加拿大进修两个月。

这些成绩的取得是自己长期的爱学、好学、持之以恒的结果。

美国进修回来后，我被提拔为校级干部，开始担任行政工作。会议多了，事务多了，但我的心却始终在课堂里，在书本里，在学生那里。行政工作要占去很多时间，教学又不能受影响，怎么办？我感到压力很大，很苦恼。深思熟虑之后，我向学校郑重提出了辞去领导职务的请求，选择回到教研组担任普通教师。当被问及为什么作出这样的选择,我对当时建平中学的著名校长冯恩洪坦言道:"首先,感谢领导的器重,不过,这几年在外语上花的时间和取得的这些进步来之不易,我的年纪还年轻,教学上不够成熟,还需要进一步的磨炼和发展,加上从国外学到了不少新的教学理念和方法,课堂能够使我有更多的用武之地。"最后,校领导同意了我的要求。辞去领导职务的我第二天便从行政楼里搬了出来,一头扎进课堂教学研究中去了。

2000 年,浦东新区评出了第一批中小幼园学科带头人,我是这群领头雁中其中的一位。经过两年的学习和研究,借鉴了国外的一些教法,我提出了"文本再构,创设语境"的教学想法。2001 年 12 月,作为区外语学科的代表,我向全市高中进行英语教学展示,用教学实践向同行诠释我的教学理念,获得了听课老师和专家的一致赞誉。

这节公开课选自《英语》(牛津上海版)高一第四单元"What Should I do"的内容。我把教学目标定为:掌握课文生词和表达感谢的句型;学会向别人寻求帮助的提问方法;通过小组讨论,学会表达个人观点、提升表达能力。教学过程环环相扣、步步深入、学生们既学到了语言、又锻炼了思维,还提高了学习兴趣,达到了预期的教学效果。

上海市著名特级教师高炎老师是这样评价这堂课的:

"新、活、实是徐老师的这堂课最明显的特点。

'新'主要反映在教师的观念上。在课上教师创造了多种条件,让学生成为学习的主体。教师把课文内容与学生的思想实际结合起来,让学生有话可说。另外,老师教态自然、亲切,语言规范易懂,允许他们发表不同意见,允许他们向老师发问,让学生有话愿意说。再者,教师把更多的注意力放在学生的表达内容上,容忍不太完整的句子,让学生有话能说。师生之间,通过教学设计,让教学内容走进学生的生活。同学们在听说训练的同时,经受了一次思想道德教育,可以说是一箭双雕。

'活'主要反映在教师活动过程中的教师的灵活性上。这堂课开放程度很高,可预测性小。但教师根据学生的反馈合理地调整教学进程,还用得体的语言和幽默的话语营造轻松的课堂气氛,减轻学生的心理压力,提高了他们的学习效率。

'实'主要反映在教学过程和真实性上。这堂课的一大亮点是没有时下公开课的表演、作秀的诟病。看似粗茶淡饭，但品之确有美味佳肴的感觉。这堂课的'实'还反映在教师对英语教学的理解，即对语言基本要素的重视。通过生词拼写和情景创造来引导学生对文本意义和进行语法训练、实实在在地使学生从不会到会，从不熟悉到熟悉，是教和学的完美体现。

　　徐子祥老师的这堂'文本再构，创设语境'的展示课给全市观摩的老师留下了许多可以借鉴的东西，也是他勇于探索、敢于实践的成果体现，值得同行们学习。"

针对高炎老师的评价，我的体会是：教师的工作是平凡的，循环往复、周而复始的运转使人感到平和而静谧；但是有追求的教师把这份工作看成是事业，把教师看成是教育活动的反思者和研究者，把教育看成是不仅给予也在收获的有意义的活动。

增强科研意识　　跃上新的台阶

面对同行的赞誉，我始终保持着清醒的头脑。我知道，没有理论做指导的教育实践，几十年的教育很可能只是教学经验的不断重复而已。教师需要用教育科研之光照亮自己的讲台。

我确实喜欢自己的英语专业，喜欢教学，可是由于种种原因，在教学理论方面花的时间不多、研究得不够。教育之路还要走下去，对于一个已经具有相当丰富教学经验的教师来说，如何向更高的台阶迈进一直是我思考的问题。我感到出路只有一条，用新的教育理论来充实自己，努力把教学实践和经验上升到理论的高度，在校内和区内发挥更大的辐射作用。

2006年，上海市普教系统"名校长名师培养工程"开始启动。我荣幸地成了这个工程的第一批学员。我拜特级教师刘健为师，与同行中的佼佼者进行交流和切磋。这段时间几乎没有假日，利用白天的工作之余、晚上和双休日进行理论学习，聆听专家和外教的报告，总结自己的教学实践经验。

从教多年来，回首自己的教育教学历程，归结起来有以下几点感悟：教育事业是求真的事业，著名教育家陶行知先生就告诫我们"千教万教教人求真，千学万学学做真人。"我也一直把这句话当做自己工作上的座右铭。作为教师拥有真挚的人生情感，拥有真挚的教育情怀，拥有一颗真挚的爱心，才能够真正的为人师表，教人求真。

让学生成为课堂的主人才能使学生闪耀出灿烂的光芒。教师由课堂控制者、知识灌输者向学习的引领者、促进者和参与者转换。通过活动的设计，让学生体验学习过程，促进学生的知识与技能、过程与方法、情感态度价值观的形成和均衡发展。

教师不仅要给学生提出问题，更要培养他们解决问题的能力，提升他们的思维质量，从一个高度向另一个高度攀登。

语言来源于生活，教师应积极创造条件，在教学活动中将语言知识还原于生活，挖掘和活化篇章本身的生活语境，让学生在真实的语境中学习知识，感受英语的魅力。

我在区、市的报刊和学术杂志上先后发表了十多篇论文：在《浦东教育》杂志上发表了《改变高中英语教学中"哑巴"现象的尝试》、《展示课别忘了老师的"教"》、《突出"人本"、体现关怀》和《教学与教学评价》等文章，在《现代教学》杂志上发表了《精心设计语境、活学活用语言》。在《名师成长与教学创新》一书中发表了英语论文"How to Teach English Today"，书中《关注经验、文化铺垫、语境重构》一文对我探索的"SMT"的教学实践模式进行了理论的总结。"SMT"即语境重建（Situation-reconstruction），多元联系、文化铺垫（Multiple-touch）和小组活动（Teamwork-system）的教学模式，尝试让学生在学习中进行交往，在体验中掌握语言，通过创造近似于文本的生活情境，激发学生的思维、培养他们的交际能力和思维能力。

2011年11月，我再次代表浦东新区向全市展示了高一年级的"Surprises at the Studio"的智慧型课堂的公开课教学，来自全市100同行及部分外省市的英语老师前来观摩。

这节课的核心理念是："感受过程，习得规律，发展智慧"。目的是让学生更好地获得英语新知，培养他们的高价思维方法。教学以故事情节中的人物的"言"和"行"为突破口，通过让学生寻找事实信息来理解文本内容，通过已有的信息作为线索引导学生学会分析，推断人物性格，归纳文章的主旨的能力。巧妙的提问、合理的引导使课文的内容"活"了起来，学生的学习兴趣随着教学的深入发展而不断提高，实现了语言、思维同步发展的效果，给听课老师留下了深刻的印象，得到了著名特级教师何亚男的高度评价。

2011年12月，我被评为上海市特级教师。

我想用毛承延老师的《长篇诗歌》中的这段诗歌表达我当时的心情：

路在脚下修远几何
才能从喑哑走入一方纯真的气孔？
甘守三尺讲台四十载
有青涩到富贵的红
悟过多少风，悟过多少雨
翻阅环境、翻阅内心
咀嚼白昼，咀嚼黑夜
时间和机遇的打磨
一遍一遍击打着三尺讲台
千磨万击还坚韧，任尔东西南北风
收获ABC的成功和意义的充盈

发挥引领作用　打造优秀团队

2014年，我和我校另一位英语特级教师吴文涛成立了浦东新区名师基地，旨在通过以名师的引领、以学科为纽带，以先进的教育思想为指导，搭建促进中青年骨干教师专业成长以及名师自我提升的发展平台，构建名师与学员互学互促的成长共同体。通过培养，大部分教师现在都成了浦东新区的学科带头人，有多位教师先后被评为高级教师。

每年有来自本校、本区和外省市的许多青年教师来建平中学拜师学习，接受带教培养。尽管已经60岁了，还有两个班的教学任务，但我总是有求必应，乐意收他们为徒弟，向他们传授教学经验，示范指导，帮助他们选择专业发展方向，确立课题研究。

在过去的5年里，经过指导培养，10多名本校和外校的青年教师在教学比赛中获奖，多人发表论文。其中，建平中学的卫佳老师在

2015年浦东新区中青年教师教学评比中荣获一等奖；钟慧老师在2016年区"新苗杯"比赛中获得二等奖，仲雯勤老师荣获上海市青年教师大奖赛二等奖，徐锋老师荣获上海市青年教师大奖赛一等奖，李恒老师在全国中小学英语课堂教学评比中荣获二等奖。

我本人先后8次参加高考上海英语卷的命题工作，积累了比较丰富的命题经验和较强的命题能力。我将自己多年的高考命题心得与宝贵经验毫无保留地传授给备课组、教研组的同行们；我以"科学命题，以评促教"为课题对全区英语教师进行了专业培训。

2016年我参加了由市教委、解放日报和上海图书馆联合主办的，特级教师校长联谊会和上海教育新闻宣传中心承办的"2016特级教师开课啦"系列公益讲座。讲座的题目是"阅读理解——让树木连成林"。通过生动的教学案例和通俗易懂的语言传授阅读方法，达到了寓教于乐的效果。南洋模范高二学生小徐向解放日报记者许沁表达了听了讲座后的感受："与一般的英语讲座不同的是：徐老师的讲座内容丰富、接地气、方法实用，听得很过瘾。"

2016年9月，我受聘于市教委教研室，以专家的身份参加上海市中小学课程教材改革第二期工程高中《英语（牛津上海版）（试用本）》教材研究评估工作，并担任专家组组长，除了对高中牛津教材的评估分析以外，还负责了以牛津教材为依托的市级课题《读写结合，以读促进写的行动研究》的研究报告；并由我撰写完成三万余字的《英语（牛津上海版）（试用本）》的评价总报告。该报告经过充分的信息采集，因其详实的材料、有序的梳理、全面的分析和新颖的呈现形式、较高的可读性，获得了有关领导的肯定。

2017年的春节来临了，大年初一上午八点起，拜年的电话响个不停，有来自美国纽约的学生朱宏伟的，有来自边防武警军官张栩雷的，有来自在香港工作的学生曹林的，更多则是来自来现在任教班级学生的拜年电话，拜年短信更是挤爆手机。这么多学生的想念和问候让我觉得为这份事业付出的是艰辛，收获的是欢乐和硕果，值！

今年是丁酉年，是我的本命年。1957年出生的我正步入退休的年龄。回想这四十年的教学生涯和体会，难道真像书里写的那样，"教师好比蜡烛，燃烧了自己，照亮了别人"吗？其实，生命的整体是互相依存的，世界上的每一样东西都依赖其他另一样东西才能生成。作为教师，有今天的荣誉和地位，要学会感恩，要像教育学生那样，教育自己做一个感恩的人。

走近建平中学，校门大理石上四个耀眼的大字——建平中学映入眼帘，虽然为构筑建平这座令孩子们神往的金字塔添过砖、加过瓦，但是，这些成绩微不足道，没有这片赖以生存和发展的沃土，我将一事无成。

徐继田老师简介

徐继田,男,1961年出生,江苏沛县人,本科学历,中学正高级教师。曾赴英国斯蒂文森学院进修,并获剑桥英语教师资格证书。现为宝山区教育学院高中英语教研员,名师工作室主持人,华东师范大学基础教育特聘教授。曾获江苏省"333高层次人才培养工程"首批培养对象、江苏优秀教育工作者、全国模范教师、上海市特级教师、宝山区拔尖人才、宝山区英语首席教师等称号。曾任《上海英语教研》编委、《上海中小学英语课程标准》修订组成员、上海市中小学课程教材改革第二期工程教材使用意见收集工作组组长、高中英语新世纪教材评价专家、上海教育评估院中学高级教师晋升科研成果鉴定专家、"国培课程"及"市级培训课程"《英语教学论》讲师、上海市普教系统优秀青年培养工作带教导师等社会兼职。学术研究方向为英语教学法和语篇分析。发表论文20余篇,主持撰写供高师院校使用的教育原理教材《英语教学论》,译注小说《鲁滨孙漂流记》等。

学习与成长

徐继田

一、我的英语学习之路

　　我的求学之路始于二十世纪六十年代末。当时,小学不设英语课,我是从初中才学英语的。那时正值"文革",英语学习可谓苦不堪言:就英语教师而言,他们是"现学现卖",教师的英语水平与学生几乎相当,都是零起点、同步提高、共同发展,"教学相长"成为那个时代英语教学的特征。英语学习内容也具有文革特色:教材是我们那个时代唯一的学习资源,其编写也无体系可言,听、说、读、写技能培养也无迹可循。现在只记得我们先学 ABC,再学一些常用词汇,如tractor(拖拉机)、hammer(锤子)、sickle(镰刀)、hoe(锄头)等。教材的课文很短,教学内容均体现了教育与"三大革命运动"(阶级斗争、生产斗争、科学试验)相结合的政治倾向内容。当时学生脱口而出的英语是"Long live Chairman Mao."、"Never forget class struggle."以及"A foreign language is a weapon in the struggle of life."等口号式英语。每当回忆起那段岁月,我总是戏言:尽管多年来"虚拟语气"这一语法项目未被列为上海高考直接考查的范围,但是我们一开始就学习它,真可谓"明知山有虎,偏向虎山行。"在那个特殊的年代,对于英语学科,我们只学习,从不参加期中和期末考试,但是我们经常要参加劳动锻炼。我们当时感觉学习好"快乐",劳动较"痛苦"。现在看来,这种教学体制多少也带有"素质教育"的成分。

然而,这种"好景"不长,"黄帅事件"改变了我们英语学习之路。当时全国上下出现了"不学ABC,照样接革命班"的逆历史潮流而动的混乱局面,按照教育主管部门的要求学校停了英语课。一个悲惨的结果是,我们这些当年只有十几岁的原本处于人生中"黄金时代"的学生被无情剥夺了继续学英语的权利。我当时感到非常沮丧,原因是我当时自我感觉英语学得较好,主要标志是对所学的两本初中教材,所有的单词我都会默写、课文也均能背诵,我当时学英语的原动力是,能像本族人一样流利地讲英语。很遗憾,我的英语学习就这样戛然而止了。

一九七八年全国恢复了高考,英语作为参考分。那时,我又开始学习英语了。但是那个时期英语学习资源匮乏,教材是我们学习的唯一材料。因此读教材、学教材就成为我们学习英语的常态。英语教师是科班出身,教学也非常认真,这是我英语学习的第二个起点。高考时,我所在的学校共有200多名学生参加高考,加试英语的只有5名学生,我是其中之一。

进入大学后,我的英语学习进入了正轨。我们主要学习的是北京外语学院(现北京外国语大学)编写的教材,*College English*。这是我学英语以来第一套正规教材,其编写体系符合语言学习规律,涵盖听、说、读、写、译五种能力的培养与训练。至今记忆犹新的是,第一、二册有对话,三、四册则只有课文了。这套教材在练习配置上突出了冠词和介词,每一课后练习均配有冠词和介词填空,以及阅读和翻译练习等形式。我们学习热情高涨、如饥似渴,我每天早上5:30起床,在校园里读书、背书,晚饭后也是如此。中午到图书馆阅读,主要是《英语学习》、《英语世界》、《北京周报》等刊物,并做记录。当时我们的自学进度总是超前于教师的教学进度,倘若教师教到第二课,我已经把第三课的课文背会了。即便是篇幅较长、内容枯燥的课文,我也强迫自己背诵出来。记得第三册教材的课文篇幅较长,有的课文3页有余,我也能利用早上和晚饭后的时间把课文背出来。那时,我们的英语精读老师总是让我在课堂上背诵,以便作为刻苦学习的典型,引领其他同学学习。

　　除课堂之外,我和其他同学一样倍加珍惜一切可以利用的学习时间和机会,收听、收看英语教学节目。其中中央广播电视大学英语课程主讲教师郑培蒂的课给我留下极其深刻的印象,她讲授清晰、形象端庄。使用的教材是北京大学公共英语教研室主编的《英语》,其特点是,以科普内容为主,以语法为纲,重视语言形式、分析语法、翻译句子、兼顾阅读能力的培养。我们往往是自发收看电视教学节目,有时因为电视英语教学节目与正常的上课时间冲突而不得不弃之,让人沮丧不已。此后,由胡文仲和英国女教师凯瑟琳共同主持的《跟我学》(*Follow Me*)英语教学节目在中央电视台播出,我和其他同学又加入了其中,每晚 6:30 准时收看。该节目突出听、说能力的培养,以生动的故事情节和情景式对白为主,教师再作讲解与拓展练习,让我受益匪浅。

　　回忆个人求学经历,读师范期间的吴栾飞老师虽然年过古稀,却让我们同学敬佩不已。他毕业于西南联大,中英两种语言颇有造诣、上课风趣。记得有一次他在课堂上讲虚拟语气,他说了一句骂人的脏话,全班哄堂大笑,许多女生羞得低下了头。然后他解释道"这就是虚拟语气,不能实现,是一种愿望。"有一次上课,突然间他单词拼写不出,便请坐在前排的女生帮助查这个单词。可是这位女生在众目睽睽之下手忙脚乱,花了好长时间也没有找到。见此情境,他伸手把词典拿到手中,双手一掰,并向全班同学展示这个单词所处的位置,全班同学一片哗然,随后我们为他精准的查找单词的能力鼓掌欢呼。此后,几位好奇者请吴老师再查几个单词,结果他屡试不爽,赢得学生啧啧称赞。之后我们还欣赏到他写的英语、法语文章,以及中文诗,令我们羡慕、景仰。

　　八十年代初,我参加工作之后,教授英语和自学英语成了我工作和生活的主旋律。教学之余,我收听中央人民广播电台的《星期日英语》(*English Radio on Sunday*)、《林肯在葛底斯堡的演讲》(*the Gettysburg Address*)、美国乡村音乐(*American Country Music*)等英语学习内容打动了我。VOA 和 BBC 也成为我听力训练的资源。早晨尚未起床我就打开了收音机,深夜收音机传出的英语新闻又伴随我进入梦乡。后来我又买来华东师范大学出版社出版的《英语听力入门（*Step by Step*)》(1984 版)，练习听力。结果发现，书里的听力材料多为我在 VOA 听过的新闻。这套书遵循内容与听力技巧并重的原则，语言材料真实、典型，注重发展学习者的听力理解能力和思维能力等，我收获颇丰。至今我依然认为它是提高英语听力的经典教材。寒暑假期间，我还自学了许国璋主编的《英语》和后续的余大茵主编的 5、6 册，还有徐燕谋主编的 7、8 册，以及一些泛读教材。记忆犹新的是，某一年暑假，我在学校办公室读书、记单词。我家住在学校家属院，与学校一墙之隔。由于是假期，办公室就我一人，我边阅读边在办公室的水泥地上、桌面上、门上、黑板上等写出要记忆的单词，达到了"多角度"、"全方位"、"立体式"记忆单词的境界。这样就有了"开门见山"的刺激，达到了阅读与背单词同步的效果。一旦生词的音、形、义得到了顺应与内化，即生词转化为运用词汇，我就用后续读到的生词更换，很有成就感。通过长期实践，我养成了"在阅读（reading）中探索（exploring），在评价（assessing）中发展（developing)"的 READ 学习模式。我亲身体会到阅读学习模式既能让人获得愉快情感体验，又能发展与提高个人的语感，不失为自学英语的有效途径。

二十世纪九十年代，我作为江苏省骨干教师参加了美国语言协会和江苏省教委联合在徐州师范学院举办的英语教师培训班。由美籍教师上课，教材是美国语言学会编写的《教师英语》（*Educators' English*），突出口语训练。按照课程安排，每天下午的课结束后，美籍教师安排了"个人交流活动"（Individual Talk）。教我们的美籍教师 Nancy McCoy 每天下午安排每人与她交流 10 分钟，结果第一天我班就我一人到场，其余同学不见了踪影。我把事先准备的问题一一发问，待她回答完毕后，她也向我主动询问我一些她感兴趣的问题。此后，除了我向她请教学习上的问题外，她还请我带她游览景区和市容，我感觉学习机会难得，乐此不疲，并建立了良好的友谊。次年，她再次来徐，她邀请我见她，我与她进行了长谈。

世纪之交，我作为上海市名师后备人选被派到英国斯蒂文森学院进修，对于英语学习而言，可谓不虚此行。我虽然没有破万卷书，但是行了万里路,实地验证了书中读到的异国文化,感悟到了读书与旅行的学习价值,领会了"旅行是心灵的阅读,阅读是心灵的旅行"的内涵,体验了英国文化风情,拓宽了视野,受到跨文化教育。通过进修,我的语言能力有了发展、思维品质得到了提升、学习与教学研究能力有所提高、文化意识也有所增强。课堂上,我们听讲、阅读、讨论、展示、辩论,积极参与语言实践活动,着力于语言能力的提高。图书馆里,我们阅读报纸杂志、查阅资料、复印材料,为撰写论文积累资料。晚上在英国住家,我们做作业、写论文(每两周完成一篇小论文,字数 1500 左右),感受到了学习的艰辛。晚饭后,我们结伴出行,有时乘坐公交车(double-decker)游览市容、有时郊外散步、有时房东驱车带我们兜风、有时与房东聊天,海阔天空。周末,我们六人小组按照事先约定集体行动,参观古迹、游览名胜、郊外野餐、入住青年旅社、分享观感与语言学习心得,乐在其中。令我难忘的是,历经月余,在英国教师 David Vico(该学者曾作为外籍专家在上外工作四年)的指导下我完成了 8000 多字的进修论文 "Language Comparison between Chinese Teachers of English and Native Speakers in the Classroom"。此文以剑桥大学 ESOL 语言能力评估标准为依据,对比了中英教师课堂语言的异同,指出了中国英语教师存在的问题,并提出了改进建议。该文受到系主任 Sarah 的好评,并被该学院收录,在一同进修的 26 位教师中我成了佼佼者。当被问及缘由时,系主任的回答是:你的论文很有价值,今后培训来自中国的英语教师时,我们需要参考你的论文。

近十年,我的英语学习又有了变化,泛在学习与移动学习成为常态。在办公室里,我总是通过互联网收听 BBC World Service。我往往精听整点新闻(News on the hour),泛听其他节目内容。一旦有时间,我还会浏览英美网站,诸如 theguardian.com/uk、dailymail.com/uk、usatoday.com、sciencedaily.com 等。早晨起床时,有时我收听并下载 TED 讲座,在上班的路上、乘坐轻轨或晚上散步时,我听早上在家下载好的 TED 讲座,跟读或模仿演讲者的部分语言。此外,我的研究兴趣为语篇分析,故有时也需要阅读专业原著,我总是力图在提高语篇分析理论水平的同时,也能注意语言能力的提高。外出的行囊中,也总有书相伴,如影随形。

二、我的英语教学之路

我的教育教学生涯始于上世纪八十年代初。当时处于"百废待兴"时期,英语师资十分匮乏,每位教师要教三到四个班的英语,任务之重可想而知。当时使用的是全国通用教材(试用本),俗称"部编教材",初中6册、高中2册。我开始教初三两个班和高中一年级一个班,初三学生学第三和第四册、高中学第五和第六册,高中课本基本不学。在那个特殊时期,一些初中学校英语教学起点低,结果造成高中只能继续学初中教材。此外初、高中教材也不衔接,且高中教材的课文对学生而言太难,无法学习。面对这种局面,作为一名刚入职的教师,我举步维艰。我向同行请教,向区域内的名师学习。1978年制订的《全日制十年制中小学英语教学大纲》中的"教学原则"和"教学方法"提出"听、说、读、写基本技能训练"的概念,指出"必须通过听、说、读、写的全面训练来学语言"。当时英语教学侧重语法与词汇,听、说教学基本不涉及。当时我的语法工具书只有薄冰编写的《英语语法》,后来又拥有了张道真编写的《实用英语语法》,每当教学中遇到语法难题我就参阅这两本书。令人遗憾的是,这两本书远远解决不了学生和我的疑问,于是我常向外校的教师虚心请教。然而结果时常令人沮丧,在那个时代教师的教学水平都差强人意,我往往满怀希望而去,却经常失望而归。

1987年,我有幸聆听了胡文仲教授及其夫人吴祯福为期一周的教师培训讲座,内容涉及跨文化交际、标准化测试和口语教学等专题,这改变了我对英语教学的认识。我深刻认识到,英语教学不仅仅是词汇与语法,还应注重学生运用语言能力的培养,关注文化意识的教学,以及重视思维能力的训练等。由于两位学者还用英语作了专题讲座,这也让我见识了一流学者的英语水平。此后,在备课时,我既备教材,又备教法,从原来的语法翻译法转向交际法、情境教学法、功能意念教学法等;在课堂教学中,我既用英文,也用中文,坚持speak English when possible, speak Chinese when necessary 的课堂教学原则。我对个人和教学要求也较为严格:没有备课的课,我坚决不上;自己不满意的备课,我一定修改,直至我个人认为完善为止。因此,备课至深夜成为司空见惯的事,有时由于应酬一时来不及备课,我总是凌晨三四点钟起床备课,一<u>丝</u>不苟。我认为,要让学生无悔,教师必须首先无愧。

教学之初,我把教材当圣经。凡是教材出现的语法项目,我必教;凡是课文里出现的生词与短语,我必练,我和我的学生沦为教材的"奴隶"。随着时间的推移,我对教材又有了新的认识,即我们应用教材去教,而非教材,教师应成为教材的"主人",即考虑学生语言水平、满足学生学习需求,创造性地使用教材。当下部分教师认为,我们英语教学应摆脱教材对教学的束缚,走自主选材的教学之路。对此我也作了思考,认为那种完全摆脱教材的课堂教与学不适合我国的国情。教材一般具有较为完整的编写体系,因此放弃教材就缺乏教学的科学性。然而如何科学合理利用教材呢?这就需要我们依据课程标准。现在基于课程标准的教学已经成为一种口号,有流于形式的嫌疑。我认为基于标准,就是依据课程标准的性质、教学理念、教学建议、课程目标、评价标准等来设计教学。同时还应分析学生的需求与学习风格,准确把握学生学习优势、教材的教学优势,设计教与学的合理目标,设计符合学习机制的学习过程与活动。因此,教学只有基于课程标准、基于学生的学情、基于教材的优势与教学环境,基于学习机制教学才能有效。

随着时间的推移,我也认识到教师职业的特殊性,即教师要既教书,又要育人。我对古人"经师易遇,人师难遭"之说也有了自己的理解:教师既要做传授知识的"经师",更要做善于育人的"人师",以自己良好的思想和道德防范去影响和培养学生。"学高为师,身正为范"是我与学生相处的座右铭。在班级管理中,我对学生积极诱导,不消极防范;对学生平等、民主,和风细雨地疏导,不压服、独断。在工作中,我不断学习以提高与学生相处的核心素养,提升个人"博采众长"的综合力、"知人善任"的向心力、"高瞻远瞩"的预见力和"世事洞明"的观察力等班主任应具备的关键工作能力。由于班级管理措施得当,所任班级在在2004年被评为市"优秀班集体",2006年的高考中取得了优异的成绩,班平均 131 分。

"己所不欲,勿施于人"是我与同事相处的原则。我对我身边的同事无论年龄大小都尊称为"老师"。在教学中,他们有时向我请教,我有时也向他们寻求帮助,关系融洽、其乐融融。当我周围的教师撰写论文时,我会竭尽全力,帮助他们确定论文题目、列提纲、查阅文献资料、审阅论文。曾记得一位青年教师需要在一周内完成一篇论文,参加职称评审。当时他有些绝望,认为不可能在短时内完成这一艰巨任务。我了解原委后,主动帮助他,打消他放弃的念头。我询问他感兴趣的话题后,帮他找参考文献、与他共商论文提纲。经过两次修改,他论文被评审为 B 级,他本人喜出望外,我也尝到了"赠人玫瑰,手留余香"的快乐。我们英语教研组多次被评为校、区优秀教研组。

自 2008 年以来,我先后承担了上海市优秀青年教师培养对象导师、名师工作室主持人工作。在实践中我探索出了"阶梯型"教师专业发展路径:"已"有所欲、"读"有选择、"想"有创意、"做"有实效、"说"得圆满、"写"得精彩。具体而言,"已"有所欲是教师专业发展的原动力;"读"有选择是教师专业发展的前提;"想"有创意是专业发展的基石;"做"有实效是专业发展的宗旨;"说"得圆满是教学与研究的升华;"写"得精彩是对教学研究成果的彰显。

在我的教学生涯中,我常常发现一些公开课、示范课,千篇一律,缺乏创新。对此,我认为教师的工作除了奉献、示范,还应该有创新,缺乏创新的课堂如同注入失败的基因。新时代的教师需要研究教学理论,在熟悉和继承经典理论的基础上,认真研究教育实践,深入思考,总结经验,有所发现、有所创造、有所改进,在改革实验中既出实践成果也出理论成果。针对词汇教学存在的种种弊端,我潜心研究、不断实践,二零零七年我面向全区以及部分市区教师上了展示课。该课以语篇为载体、以语境为依托、以话题为核心,基于语用目的和学生生活,设计课堂教学任务;利用任务驱动、教师引动、学生主动、多元互动的活动方式组织课堂教学;让动态成为常态,生成成为过程。课堂效果颇佳,受到了专家和听课教师的好评。次年,上海市名师基地高级研修班结业后,我应主持人特级教师应晓球的要求,由我代表本班高中英语教师上课,应老师作了精彩点评,录制成了光盘,向全市发行。当时,我对这两节课还较为满意,但是现在看来,我感觉这两节课尚有改进与完善的空间。这也应验了人们常说的一句话,课堂教学是一种遗憾的艺术。经过多年的研究与实践,我撰写了《基于语篇与话题的词汇教学模式》。该文以语篇分析的理论为依据,以语篇产出为导向,从语篇的解构入手,围绕话题,通过师生互动建构话题相关词汇,基于学生生活与话题生成语篇。该教学模式的优势是:将人们常说的"词不离句,句不离篇"的语言教学理想变为现实;避免了语言教学脱离语篇的枯燥、低效做法;实现了语篇、语境、话题与语词的有机结合。

我在课务、学生管理等较为繁忙的情况下锲而不舍学习教学理论;在广揽博取中洞悉,掌握教育教学信息和动态;教学之余,我也能潜心教育科研,将教学中的实践研究及深切感悟凝聚成论文,见诸报纸杂志。自参加工作以来,我在省级以上刊物发表论文,出版社出版的书籍中也收录了我的文章。教学大家的教学不倦又笔耕不辍,成为我学习与成长过程的楷模。2007年,应南京晓庄学院和区教师学院领导的邀请,我主持撰写了供高师院校本科生学习的教学原理教材《英语教学论》。该书依据当代教学观变革的趋势,运用案例感性导入、通过理论分析,介绍教学原理,引导教师行动,"在做中学",践行"教学做合一"的思想。力图体现英语教学的基础性、科学性与可操作性,围绕"学生"、"教师"、"课程"、"教学"四个维度论述,即抓住学生生活经验、反思、应征和形成四个环节展开。成书的初衷为:让读者既有"见树又见林"的理论收获,也有"你行,我也行"的教学实践冲动;既有"一见钟情"的欣喜,又有"相见很晚"的遗憾。后来,该书由上海推荐,经过教育部评审先后成为"市培教材"和"国培教材"。我也因此成为该教材的培训讲师,为外省市英语教师做培训讲座,为本市培训两批近200名高中英语教师。

一般而言,一线教师对教学理论较为反感或排斥,而对实用教学策略情有独钟。他们追求"立竿见影"的效果,认为理论"华而不实"或"哗众取宠",行之有效的教学实践才是教师追求的终极目标。对此,我个人认为,理论与实践唇齿相依、共生互补。理论源自于实践,而实践只有在理论的指导下才更有实效。理论与实践并行不悖、相辅相成，且拒绝理论就是拒绝进步，实践就只能在低层次重复，停滞不前。其根本原因在于，对于任何事物，我们都应知其然亦知其所以然，否则不过是照葫芦画瓢，一味模仿，平庸复制，缺乏创新。教学和科研亦是如此。实际上，教学与科研是"教学相长"的关系，科研促进教学。在教师培训中，我总是先讲教学理论，再讲反映理论的经典案例，最后是实践案例，始终追寻"学—思—行"先贤治学模式。

从激情燃烧的青春岁月，到阅尽了人事的华发老年，我对教育投入的时间与精力丝毫未减，"积跬步，至千里；积小流，成江海。"始终激励着我。教育领地，谁主沉浮？我们是教师，非我们莫属。教法上的"涛声依旧"是教学的高原现象，它告诉我们应该思变，否则，今天的你我无论怎样重复昨天的故事，我们这张旧"船票"也无法登上学生的"客船"。我们只有"补票"，才能与学生一道"起航扬帆"。

2010年我区成立名师工作室，我确定的研究方向为"中学英语语篇教学研究"。之前，我研读了系统功能语言学方面的专业书籍，诸如：《系统功能语言学概论》、《功能语言学与外语教学》、《衔接与连贯》、《篇章语言学》、《认知语言学》、*An Introduction to Functional Grammar*，以及 *Discourse Analysis for language Teachers* 等专业书。成立工作室后，我制订学研计划，邀请著名学者做专业指导。工作室成立之初，我邀请了邹为诚和张德禄两位教授为工作室学员讲课。此后，我个人先自学，再为学员作辅导讲座，一边工作，一边研究成为我的工作常态。2013年我到区教研室工作，教学研究成为我工作的主旋律。

三、我的英语教研之路

研究教学发展趋势，树立正确的语言观与教学观，探索科学有效的课堂教学策略是我工作重心，现在也已经发展成为我的个人兴趣。当前，外语教学趋势正从侧重语言形式、语言技能转向侧重语言意义、功能、内容的教学；语篇教学由浅层向深度转化；教学设计注重层次，从记忆、理解、应用、分析、评价和创造方面考虑，设计与此相匹配的教学活动，由低阶思维向高阶思维转化；"语言主题式教学"向"内容依托式教学"与"语篇分析教学"整合的方向转化，注重语篇解构与建构的能力培养，摒弃语言教学主宰课堂的现象。正在征求意见的国家课程标准也为英语教学指明了方向，总体目标从原来的综合语言运用能力转变为英语学科核心素养，涵盖语言能力、文化品格、学习能力、思维品质。学习内容强调将知识学习与技能发展融入主题、语境、语篇和语用之中，促进文化理解和思维品质的形成，引导学生学会学习。学习方式将走向整合、关联、发展的课程，实现对语言的深度学习与语言、文化、思维的融合。

有鉴于此，我的语言观也发生了变化。韩礼德(Halliday)的系统功能语言学对我影响很大，我也逐渐理解并接受了 McCarthy 和 Carter 的"语言即语篇"(language as discourse)的思想，实际上，这是一种基于语篇的语言观。其核心是，语音、词汇、语法都是语篇的有机组成部分，它们在组成语篇结构上都发挥着重要作用，它们都不是与语篇并列的语言层次。基于此，我的教学观也有了转变，即把语言当做语篇来进行教学，围绕语篇进行多模态教学设计，关注三个层次的活动(基于语篇理解的活动、深入语篇理解的活动和超越语篇理解的活动)，帮助学生从语篇的角度来理解、学习和运用语言，旨在提高学生语篇理解与语篇生成的能力。对教学研究我秉持的原则是：将教学理论转化为教学方法，将知识转化为能力，将教学思想转为教学特色。经过多年的努力，我先后形成了以下教学特色：注重课堂教学活动设计，逐步形成了"互动式教学法"，特征是，任务驱动、教师引动、学生主动、多元互动。其次，我注重语篇、话题与词汇教学，逐步形成了"基于语篇和话题的词汇教学模式"：①学案导学，师生备课；②问题驱动，理解语篇；③语篇理解，引出词汇；④交流互动，辐射词汇；⑤创设话题，运用词汇；⑥以写促学，巩固词汇。三是注重揭示语篇本质，掌握语篇解构与建构策略。我逐步形成了"语篇分析"的教学思路，其核心是以功能或意义为中心，其形态是分析语篇；在解构语篇的过程中学习语言、内容知识；在建构语篇的过程中表情达意，巩固语言。四是注重"内容与语言的兼容，语言与思维并存"。我形成了"语篇分析和内容依托式相融合"的教学模式，其价值取向是培养学生语篇解构与重构的语篇能力；核心是以功能或意义为中心，设计基于语篇、深入语篇和超越语篇的活动;其形态是以主题(theme)为引领,以语篇(text)为依托,将语言知识学习、文化内涵理解、语言技能发展和学习策略运用融合在一系列相互关联的主题语境中,通过分析语篇话题(topic)、线索(thread)、过渡(transition),设计任务(task),发展学生语言能力、塑造文化品格、提升思维品质、增进学习能力、培养跨文化交际能力。课堂教学以培养与发展学生学习能力、判断能力和表达能力为宗旨,探索促进学科素养发展的课堂教学转型:从"传递为中心"的教学转变为"对话为中心"的教学;从"记忆型教学文化"转变为"思维型教学文化"。

作为教研员,我的角色定位为实用理论的解读者、经典案例的发掘者、实践案例的先行者、教师发展的促进者。我把教师培训目标定向为,培养教师课程领导力、提高资源整合力、提升教学执行力、增进教学评价力、交往亲和力和教育发展洞察力。工作思路是,根除教学病态、发展教学样态、构建教学常态;促进教师观念转变、教学转向、课堂转型。教研策略为,学习、研究、实践,坚持"学—思—行"的治学之道。教研工作坚持"导—助—评"原则,发挥引领与中介作用。教研活动遵循的规程是"目标定向、活动开放、过程互动、讨论反馈、学用展示、回收转化"。我坚持将学科问题转化为项目深化研究、项目研究转化为系列设计内容、系列内容转化为成果助力教师专业发展。我开发了教师培训课程,形成了"语篇分析与教学设计"、"高考研究"、"英语教学设计"和"教师专业发展"4类课程,共40多个教师培训讲座和学术讲座,受众对象为中学英语教师、华师大本科生和硕士研究生等。2011年应邀在北京外国语大学中国语感阅读实验年会上作了"阅读人文经典,培养学生词汇能力"的专题报告。2015年在全国外语专业年会上作了"语篇分析:教学设计的策略"报告。这两场报告引起与会教师代表和专家的关注与反响,大会组织者也给予高度评价。此外,还为华东师范大学本科生专门开设"英语教学设计"课程,在苏州大学为培训教师开设"语篇分析与教学设计"课程等。

个人发展与学校发展息息相关。我本人往往是,白天教学,晚上教研。无时间保障,个人发展根本没有可能,而在白天既教学,又读书,研究无疑会影响教学质量。无时间投入,读书、研究也成泡影,因此"白加黑"对我而言就成为教学与研究的工作模式,"教师之间的差别在八小时之外"也说明了这个道理。教师的发展首先要读书,读书丰富了自己,通过研究与实践又有助于提高教学质量,学生受益。在行知中学任教期间,我与同仁们齐心协力,学校教学成绩逐年提高,上升为全区第一位,在全市也处于领先行列。科普英语竞赛、"上外杯"竞赛、高中英语辩论赛,行知中学都取得了优异成绩。参加我工作室培训的教师有的成为市名师后备人选、区首席教师、学科带头人、青年教学能手。在教学比赛中,他们中有两人获得全国一等奖、两人上海市一等奖、两人获上海市二等奖。

面对当前照本宣科的强大惯性、急功近利的盲目性和习惯养成的惰性,我认为研究提高英语教学效率的途径与方法至关重要。就我个人而言,终生追求的目标可以表述为:持之以恒的学术追求、朴实无华的教学风格、与时俱进的教学理念、灵活多变的教学方法、怦然心动的教学设计、博大精深的教学智慧、赏心悦目的教学课件、情景交融的语篇分析、惟妙惟肖的课堂教学、动态成为常态的互动、生成成为过程的课堂。我始终认为优秀是一种习惯,认真改变自已,执著改变命运。我曾在一篇论文中引用以下一段文字以表达我对教师这个职业的认识与追求:教师需要为学,为师的和谐统一;爱与责任是师德内核,学识与人格魅力的交融是师德的境界;教师的魅力是德才兼备的升华,对学生的博大爱心、对学术的精益求精、对事业的不懈追求,在教书与育人中满怀赤诚。

毕红秋老师简介

　　毕红秋,1961 年生于上海。1984 年毕业于华东师范大学英语系。2002 年评为上海市英语特级教师。华东师大一附中国际部主任,民进虹口区委副主委。虹口区"毕红秋英语名师基地"主持人,虹口区"英语学科高地建设"理事长,先后被华东师大和虹口教育局评为"科研先进个人",荣获"全国教育科学研究贡献"特等奖,被区政府授予"虹口区拔尖人才"称号。

教坛耕耘人生无悔　三尺讲台一生坚守

毕红秋

启蒙教育　激发兴趣

我出生于一个教师家庭,爸爸妈妈都是大学教师,妈妈是大学英语教师,姑妈是中学英语教师,姑父是新英汉字典编写组的成员,舅舅也是中学英语教师,从小在家里就看到很多英语书籍,这在六十年代的家庭还是不多的,大人在说话中也时不时地会带出一些英语单词,譬如:Sunday, Monday, summer, winter, caterpillar, mosquito 等等,妈妈还教我和弟弟唱英语歌,记得特别牢的是"Twinkle Twinkle Little Star"和"Mary Had a Little Lamb", 打小我就特别喜欢学习英语。

我上小学那个时候要到三年级才开始学习英语,英语课上学的是"Long Live Mao Zedong! A Long Long life to Chairman Mao! Long Live the Communist Party of China!",教我们英语的是一个年轻的女老师,她很强调英语书写的基本功,也很重视英语的发音。她经常叫我到她办公室去朗读英语,还给我纠正读音,这都给我的英语学习打下了良好的基础。虽然那个时候学生对英语学习并不十分热情,我的英语老师还会组织年级的英语表演,我记得我参加了英语歌唱表演,唱的是"I Love Beijing Tiananmen", 还讲故事"Dongguo and the Wolf"(东郭先生与狼),还表演过"拔萝卜",这些都大大增强了我学习英语的兴趣。

到了中学之后,学校里对英语学习似乎更不重视了,很多同学都不怎么愿意学习英语,老师在课上也讲得很少,可是我很想好好学习英语,就只能在家里自学,学的那本书叫"Essential English",妈妈让我自己学,我把英语单词抄在小本子上,有空的时候就拿出来读,直到记住背出来,有不懂地方就去问妈妈,这样我慢慢地掌握了很多英语单词和语法知识,还到学校去教同学们,有时候他们觉得我讲得比老师还清楚,这让我很开心,我更想学好英语,也因此萌发了做老师的想法。

我读高二那年国家恢复了高考,这对我们来说无疑是一声春雷,迎来了尊重知识、尊重人才的春天,我不用去农村上山下乡插队落户了,我可以实现学好英语做英语教师的梦想了,我就更加努力地学习英语。那时候妈妈在大学里教学生学"New Concept English",我也拿来读,背出了里面的每一篇课文,这套教材陪伴了我很多很多年,进了大学我学的还是这套教材,毕业后到华东师大二附中做老师,教的也是这套教材,我女儿五岁的时候也开始学着背里面的课文,这套教材真的成了改革开放后中国人民学习英语的主打教材,小学生、中学生、大学生乃至成人都在背《新概念》里的课文。

如愿以偿　就读师范

1980年我参加了高考,我的志愿表上一共就填报了两所大学,第一是华东师范大学英语系,第二是上海师范大学英语系。这里有个小插曲,我当时是学校的团委书记,校领导推荐我免考进入团校学习,被我婉拒了,因为我想学习英语将来做教师。当时有位校领导得知我报考的两所大学后,找我谈话,说我对自己要求不高,不去报考复旦、不去报考上外,我说我就是想做教师,想做英语教师。当时我还写了一封信给文汇报的总编,说自己想不通为什么作为学校的老师却不支持学生去当教师呢?这位主编还亲笔给我写了回信,称赞我的想法并支持我去实现自己的教师梦。那封信我珍藏了很多年,后来搬家的时候遗失了,很可惜!

我如愿以偿考取了华东师大的英美文学系,到了大学里我才知道学习英语还有那么多的不同课程,有精读课、泛读课、文学课、翻译课、语音课、语法课、口语课和报刊课,我太高兴了,虽然课表上有那么多的课,但都是英语课,精读课学的还是新概念英语,当然要求不同了,不仅仅是背出课文了,还要复述故事、写故事梗概、续写故事、变换人称写故事等等,这对我们的语言运用能力是很好的锻炼,学过的单词要学会使用。文学课和泛读课的老师要求我们阅读很多种类的文本,比较多的是文学作品,还有应用文和议论文,老师给我们开出长长的书单要求我们阅读,都是英美文学史上的经典作品,印象很深的是当时读了《呼啸山庄》、《简·爱》、《傲慢与偏见》、《鲁滨孙漂流记》、《德伯家的苔丝》、《汤姆索亚历险记》、《哈克贝恩历险记》等等,我们的文学课老师是个非常有激情的人,对文学作品可以说是到了痴迷的地步,每次听他的课就好像被他带进了文学的殿堂,他神采飞扬地介绍无比耀眼璀璨的文学作品,听课是一种享受,但是考试要过关却是不容易的事,他经常要求我们对不同国家同时代的文学作比较,或是同一国家不同时代的作品做比较,所以,外语系的学生很多时候都在看小说,其他系的同学往往会说外语系的同学真开心,只要捧着小说看就是了,其实他们不知道,哪有这么轻松啊!

　　我们的口语课是一个美国来的女教师上的,这个课与当时中学里的课区别很大,之前与外国人的接触机会并不是很多,我只是跟着录音机学英语,到了真的外国人面前就讲不出来了,甚至听不懂。我有点急了,怎么办?我就天天很早起来跑到教室楼下面去朗读课文、与同学练习口语,我们的教室面对美丽的丽娃河,清晨阳光透过树林照射在石凳石桌上,我就每天在如此美好的环境中学习英语,天天都有很大的收获和进步。

教学实习　初登讲台

　　大学学习很快到了大三,学校安排我们英语系的学生到华东师大二附中参加教学实习,我非常兴奋,终于有机会去做老师了,在三年的课堂学习中,我始终怀揣着成为一名教师梦想,所以老师上课的时候我不仅认真做好学习笔记,还同时记录下老师的教学方法,留着自己做老师的时候可以派上用场。在二附中实习了三个月，学到了很多在课堂上学不到的知识和教学技巧。第一次试讲留给我的印象很深，当时我要上的是一节高三的课文教学课，想着终于有机会上讲台了，既兴奋又紧张，我非常认真地进行备课，把课文中我认为有必要给同学们讲解的内容都写进了教案，还在上课前对着镜子反反复复地练习，到了上课那天，虽然平时跟同学们已经很熟了，但一站到讲台上还是忍不住地紧张，好在对备课的材料很熟了，所以就一个人在台上不管不顾地往下讲，想不到还没下课，我已经把所有备课的内容都讲完了，心想"下课铃怎么还不响？"，只好叫全班同学朗读课文，课文还没读完，铃声响了，读完还是不读完呢？可能是觉得拖课不好，就匆匆忙忙结束了那节课，心里很不是滋味，为了这节课我难过了好几天。

带教我的老师之后跟我谈话，首先肯定了我备课很认真，同时告诉我上课时要与学生交流，发现学生的问题并及时在课堂上给予指导和解决，还给了我很多鼓励，我告诉她我的梦想就是做一名中学英语老师，她很支持我的梦想。

后来在指导老师的帮助下，我又上了几次课，一次比一次有进步。教学实习很快要结束了，有一天学校教导处主任找我去，说因为高三有个老师病了，他们希望我能去代课，我当然很开心，这是学校对我的信任，也是锻炼自己的好机会，我立刻就答应了，所以在大四的时候我在二附中上了一学期高三的课，还算顺当地完成了任务。

实现梦想　成为教师

四年的大学学习结束了，我们面临着工作分配，这是那个时代的做法，一个大学生毕业后去哪里工作是由学校统一分配的，大家都很紧张不知道自己会被分到哪个单位，在上海还是在外地，所有的人都在宿舍里等待着系领导找你谈话，一天、两天、三天过去了，没有人来找我，着急，很着急！到了第四天系领导总算来找我了，他们告诉让我留校去二附中任教，听到这个消息，我无比激动、无比开心，我的梦想总算实现了，我成为一名教师了！

　　我之所以选择教师这个职业,是因为它的高尚,教师的工作是育人工作,能够为国家培养优秀人才;是因为它的价值,在培育学生的过程中,也不断地在完善自我、发展自我,体验付出后的一种成功的愉悦;是因为它的魅力,教师的工作特性决定了自己需要终身学习,不断面对压力、应对挑战,以满足教育发展的要求。

　　到了二附中,带教我的是当时二附中的英语教研组长赫赫有名的周建英老师,她有多年的教学经验,治学态度极其严谨。我们两人合作担任一个年级四个班的教学工作,二附中的大多数学生学习自觉性很高,学习能力也很强,所以,在二附中教学进度快、教学内容多,学生同时学习四本教材:英语教科书(也叫部编教材)、《新概念英语》、*Step by Step* 和 *Modern English*,周老师告诉我在教学中要确定重点难点,要夯实知识点,为了达到这个要求,就要"朝前走走,往后退退",也就是说在学习新知识的同时要不断复习和巩固已学的知识,新老结合,温故知新。我跟着周老师从高一带到高三,同时还做一个班的班主任,所有的工作对我来说都很新鲜,都要好好学习。从备课到批改作业,从命题到分析试题,一点一点地跟着周老师学习,不断反思,积累经验,慢慢地从模仿别人上课到形成有自己特色的上课风格,工作两年后,在周老师的帮助指导下,我上了一堂公开课,因为那时正在开展第一期课改,二附中率先进行了教学改革,减少课时,提高质量,我的那节课就是对新课改的一种理解和体现,所以来听课的老师特别多,有了近两年的工作体会和经验,又有周老师的帮助,我信心满怀,积极准备,最后,这节课还是很成功的,来自全市各个区的老师近100人,当时的上海市教研员也给予了很高的评价,这也给了我很大的鼓舞和推动。

　　在二附中工作了三年,送走了一届高三。由于单位离家太远,路上单程近2个小时,我晕车非常严重,已经影响到我的日常工作,我便调到了离家较近的华东师大一附中。

　　到了新的环境,感受到一种无形的压力,校长找我谈话,"考虑到你在二附中刚刚教完高三,有一定的教学经验,这里一位高三的英语老师出国了,你就去接他的班。"学校里其他老师一看新来的年轻女孩,直接教高三,大家都在看我的表现。我深深感到了学校的要求之高、压力之大、责任之重。我默默地下定决心，一定要加倍努力，刻苦钻研教材，探索有效的教学方法，提高教学质量。我认为必须立足课堂45分钟，既保证完成课程教学进度，又给学生更多的实践机会，注重语言能力训练，强调知能并重，着力培养学生的跨文化素质。"大信息、快节奏、高密度、勤实践"成为我的教学追求，逐步形成有自己特色的教学风格。我经常虚心请教一附中的其他老师，探索符合一附中学生的学习方法，与同学们齐心协力，共同奋斗，当年的高考成绩达到了学校的预期目标，学校领导应该是满意的，因为他们让我连着带了五届高三，而且每学期要开3到5节公开课，虽然深感压力之大，但也促进我更加认真钻研教材，探索教法，追求效果。期间我所带班级也多次被评为市、区先进集体，本人也获得"校师德优秀教师"和"学生心目中的好老师"荣誉称号。

国外进修　更新理念

到了1993年，经学校推荐、上海市教委批准，我作为交换教师赴澳大利亚昆士兰州布里斯班工作一年，在当地的一所不错的高中教中文一年，由于跟我合作的老师兼任初中和小学的教学任务，所以我有机会跟着她去了当地的初中和小学，从外国人学习汉语所遇到的种种困难去理解中国学生在学习英语时可能遇到的困难，从他们的语言选材到课堂内的大量实践，迅速提高开口能力去反思国内英语教学中的种种问题。看到了他们的走班制上课，看到了非常丰富的选修课，研究了澳洲的教育理念，体会到了对学生个性发展的尊重，教育的根本目的是为了培养学生的思维能力、解决问题的能力，帮助他们为将来进入社会做好准备。我抓住一切机会多看多学，可以从中获得很多的启发，我利用空余时间旁听了许多课程，有摄影课、烹饪课、缝纫课、木工课、汽车修理课，还去听了文学欣赏课和英语语法课。当时我住在合作老师家里，也就有了更多的机会跟她探讨教育的问题。

回国后，我被选拔为虹口区的"十人工程"培养对象，为了进一步充实自我，我参加了研究生课程的学习。在研究生班，我攻读的是比较教育学专业,以所学理论知识重新审视我国教育与其他国家教育之间存在的差距,发现了国内在外语教学中长期存在的顽症——缺乏语言产出的有效训练,尤其是口语表达教学的缺失,造成学生实际语言运用能力的低下。为此,我运用国外先进教学理念,譬如交际型教学法、任务型教学法,反思当时英语教学存在的突出问题,提出结合课程教材改革、强化口语训练教学的新构想,主持了"高中英语口语工程"的课题研究,开辟了课内外结合、培养学生听说能力的新途径。提出以"经典阅读、夯实基础、面向运用、培养创新"为内涵的英语口语训练教学目标,引入项目开发、任务驱动、师生互动等先进的教学模式,全面提升学生的口语表达运用能力。

课题的研究让我认识到优秀教师必须要寻找自己所教学科的专业发展的通识平台,并以广博的知识、丰富的文化去滋养学生。所以,在英语教学中,需要能打破学科界限,不回避学生提出的非英语学科的问题,更不能用"这是有关理科的知识,请你去找理科老师解答"的话语来敷衍拒绝。因此,在教学中遇到自己暂时不能即刻应答的物理学、化学、经济学等其他方面的问题,我就去请教学科老师,或查阅相关资料,然后再给学生一个满意的答复。这样做是为了不仅满足了学生的求知欲,也充分体现了教师对学生的一种尊重。

2005年,我尝试用英语上港版《新基础经济》教材开设选修课程,以此使英语教学更贴近时代,贴近生活。我还从《读者》杂志上收集许多有关经济知识方面的随笔资料,让学生读读议议。这样做,不仅拓宽了学生的知识面,也训练了学生口语表达能力。经过自己的实践探索,构建了一套"多学科融合,国际化拓展,复合型培养"的英语教学新模式,并取得了很好的效果。不少学生在我的鼓励下重新找回了学好英语的自信,并在进入大学和踏上工作岗位后深深感受到高中阶段的口语训练为他们的成功打下了良好的基础。

为了心中的那份理想,我始终告诫自己要静心教书,潜心育人,要以自己的人格魅力和学识魅力感染、教育学生,使学生在人生最具激情、最有梦想、最富活力的阶段,接受到让他们终身受用的教育和教诲,得到最真切的关爱和引导。

教研相长　初见成果

多年来的教学实践和理论的学习，让我对一些问题有了比较多的研究和认识，并且撰写和发表论文数十篇，其中，"培养学习兴趣，强化学习动机"和"学会学习——关于学法的几点认识"先后获得96、97年华东师大普教研究中心科研论文二等奖；"最有潜力的英语第三板块学习"获全国教育科学"九五"规划教育部重点课题"大面积提高中学外语教学质量的实验研究"结题论文一等奖和"全国教育科学研究贡献"特等奖。

当自己取得了一些荣誉、站到了一个较高的平台上的时候，我知道自己走在一条正确的道路上，一条通往更高理想的道路上，但也看到在我前面有很多很多优秀的教师，我要加油我要继续前行。

指导引领　培育新秀

2002年我被评为上海市特级教师，在取得荣誉的同时，也把自己推到了一个更高的平台，也会被更高的要求衡量。我看重的是自己有了更多的机会与上海市的优秀教师交流学习，以此来不断提升自己。

2010年初，根据虹口区教育发展的要求和需要，我担任了虹口区"毕红秋英语名师基地"主持人，开始承担起虹口区青年英语骨干教师的培养工作。这份工作促使我系统学习教师专业发展的相关理论，了解教师职业生涯的不同分期。我深深地感觉到一个科学、合理的培养过程，对于青年教师的快速成长至关重要。正是基于这样的认识，我开始精心设计、认真制订基地名师培养的工作计划，遵循"在培养中使用，在使用中培养"的工作原则，以"扎根于学校，拓展于基地，引领于区域"为培养思路，综合运用理论学习、导师带教、实践锻炼、课题研究、教育考察、跟踪培养相结合的培养模式，使基地成为英语教师专业发展的平台。

在基地，我和学员积极探索具有实效的示范、实训、孵化人才培养的机制与实践操作。为了了解每位学员教学中的先发优势和主要问题,实施个性化的层次递进、项目指导的有效培养,首先进行全面听课,通过不断地听课,不断地和学员们切磋交流,帮助他们提高个人的教育教学素养和课堂教学的有效性。

在基地,我们作为一个区的英语学科新教材的实践者和推进者,在各方面都必须先一步、高一层,起到示范引领作用。我很乐意把自己的学习体会和实践经验与基地学员共享,还通过示范教学为学员们讲解课程教学要点,通过提炼升华内容为学员们解析课程教学重点,通过引入案例素材为学员们破解课程教学难点,并带领基地学员结合教学实际积极申请研究项目,开展教学研究。

在基地,更为重要的是要善于发挥全体学员的教育智慧和教学研究能力,发扬开拓创新精神和团队合作精神。我和学员们本着共同的学习目的,采取灵活的学习方式,营造互动的学习氛围,在互动中加强互助、互补,以基地活动为载体,努力打造一个"学习、实践、研究、发展的共同体"。

在基地,为了体现"在培养中使用,在使用中培养"的工作原则,我要求每个学员在基地学习的两年中,要同时带教 1 到 2 名本区的青年教师,将自己在基地学到的教育理念和教学方法传授给他们,帮助这些青年教师转变教育观念,改进教学方法,提高教学能力。这种链接式服务、循环式指导,充分发挥了基地的辐射功能,实现示范、指导作用的最大化,学员的理论水平和教学把握能力都得到了全面的提升。

近年来,基地年轻学员全面成长,成为教学和科研的主干力量,在教学和科研中取得了长足进步,两名学员已从上海市第三期名师基地培训班毕业。多名青年教师成为区学科带头人或区骨干教师,有的被评为中学英语高级教师,成为区域推进英语教学改革的核心力量。他们承担了多个科研项目,发表科研论文几十篇。经过多年坚持不懈的努力,基地造就了一支综合素质优秀、整体水平高、教学与科研能力兼备的教学团队,为虹口区英语教学质量的提升做出了积极的贡献。

高地建设 再挑重担

2013年虹口区教育局出于对虹口教育发展和教师队伍建设的综合考虑,制定了虹口学科高地建设的行动方案,要求英语学科进行小初高全学段的高地建设行动,并把理事长的重任压到了我的身上,起初我是不愿意的,我觉得困难太大,没有可以借鉴的经验,老师们的工作本来就已经够忙的了,哪有时间和精力做这么多事情呢?我带着满心的顾虑跟两位副理事长祁承辉和张海波商量小初高三个学段各自的行动计划,分析了三个学段各自的优势和存在的问题,我们决定首先成立骨干团队,依靠团队的力量来完成重任。

这是一个极其庞大的工程,必须分阶段实施,在起步阶段我们的工作思路是:不在规模上求全贪大,而在教学科研质量、效益与特色上下工夫,做到主题明确、系统规划、整合力量、集中任务;基于现状、直面问题、基于课堂、实证研究;项目引领、任务驱动、活动推进、逐步成型。

我清楚地知道要完成一项这么大的任务靠个人的力量是很难做好的,必须有一支团队,而且是团结的、有战斗力的团队,在高地建设中我要打造的正是这样的一支团队。小初高全学段建设高地的共同目标,让我们开始了跨学校跨学段的合作,并对英语学科教学居高临下的观察和分析,或许有人会说不搞高地建设我们不也在搞科研吗?但是一群不同学校不同学段不同年龄的却有着共同梦想的人走到一起,这个团队所发生的化学反应以及所产生的能量是不可估量的。

我希望我们的高地不是一个去完成更多额外任务的地方,更不是一个让老师们觉得是增加压力的地方,而应该是一个可以得到自我提升、实现梦想的地方,不仅是一个同伴竞争的地方,更是一个同伴互助的地方,是可以近距离接触名师专家可以得到他们点拨的地方,是一个温馨的大家庭。

高地建设是一项很艰巨的任务,要做的事情很多,而且以前从没做过,团队成员们不顾工作繁重,在百忙中抽出时间研习理论、查阅资料、认真分析、潜心研究、反复实践、开课磨课、问卷调查、外出学习,多少个日日夜夜,承受了几多寂寞与艰辛,得以品味"梅花香自苦寒来"的意境。

英语学科高地在成立后,我们决定把信息技术与教研相融合,以"微课"即微型课程资源为载体,依托网络打造一个区域内的教师研训平台。

确定了"微课"这个载体后,我们开始了"微课"主题的规划。通过在几所基地校的调研,开展教师座谈以及与教研员的沟通商讨,确定了第一阶段"微课"开发的主题为词汇教学。词汇量的大小直接影响了学生听、说、读、写语言能力的提高,因此,词汇教学一直是中学英语教学的重点。反观目前词汇教学的现状,存在着费时、低效、模式单一的问题。教师对学生的词汇学习缺乏方法指导,大多数学生采用死记硬背的方法来学习记忆词汇。有些学生虽然背了很多单词但却不能在口语交流或写作时灵活运用。如何使词汇教学变得科学、高效?也一直是困扰广大英语教师的一大难题。

为了验证我们的判断以及行动方案的可行性,首先完成了《虹口区高中英语教师词汇教学和培训现状调查》以及《虹口区高中生英语词汇学习现状调查》的问卷调查工作,通过调查问卷摸清了目前学生词汇学习的现状和困难,以及教师在词汇教学过程中存在的主要问题和教师在专业培训与进修等方面的诉求。

根据区域调研所反映出来的教师希望培训理论结合实际的需求,把"微课"分为"微讲座"和"微课例"两种形式:用微讲座进行源自教学实际的理论学习,主要介绍词汇学习的策略和方法;用与"微讲座"理论相配套的"微课例"进行多样化的课堂教学研讨。

传统的教研无论是听课还是听讲座都是"面对面"的形式,受到了时间和场地的局限,而微教研突破了时空的限制,教师可以利用自己方便的时间,足不出户就能实现在线培训。微教研依托的网络平台有利于优秀教学资源的固化、推广和传播,方便教师进行跨校、跨区域的学习,交流和借鉴。教师在观"微课"的过程中可以随时暂停,反复观摩任何一个教学环节并下载优秀的教学资源。在传统的"讲授型"的教研活动中,教师的主动参与性不强,活动后缺乏进一步的教研思考而"微教研"鼓励教师在学习完课程之后自己动手录制微课,真正做到了"学中做和做中学的结合"。

高地的建设得到了上海市教委教研室的指导和关心,得到了虹口区教育局、虹口区教师进修学院的大力支持,给予我们最直接最有力帮助的是我们的专家团队,他们精心指导我们进行研究,参与对本区骨干教师的培训,三年来我们每年都有品牌展示活动,第一年的"微课堂·大视野",第二年的"高地在线·见证成长"和第三年的"高地在线·砥砺前行"。

就这样英语学科高地不仅完成了一项又一项的研究任务,让经验型的教师找到了专业发展的新的增长点,青年教师看到了新的挑战,并在老教师的指点下加速成长。高地就是这样培养和造就了一批优秀的教师、专家型的教师。高地建设的理念是成人成事,意思是教师成才,学生成长,学校成事,这样才是高地的成功。

我的教师生涯走过了30多个春夏秋冬,我以自己的不懈努力兑现了原先许下的承诺,做一名优秀的教师。这些成绩的取得源自对教育的忠诚,对学生的热爱,对事业的责任,如果问我今后有什么打算,我将一如既往,与激情同在,与责任同行。

沈春泉老师简介

沈春泉，上海市崇明中学英语特级教师，崇明区瀛洲名师，学科带头人。以"教学严谨，措施一贯，以读促写，听说并进"为教学特色，先后在英国、韩国、芬兰等国家进修学习。先后在崇明区英语名师工作室和学科带头人工作室学习。曾被授予"首届全国中小学外语教师名师"、"第六届全国中小学外语教师园丁奖"、"崇明区园丁奖"等荣誉。曾获上海市中青年教师教育教学评优活动英语学科一等奖、上海市高中名校英语辩论赛优秀辅导奖，《找到平时教学与高考要求的最佳结合点》等论文获"中国教育实践与研究论坛"全国征文一等奖、《NewsQuiz慢速英语听力训练课程》崇明区校本教材一等奖、崇明区"主动·有效"课堂教学设计一等奖等奖项。《高中英语听力微技能教学的有效实践》被列为崇明区共享课程。先后数次赴云南等地进行教学交流。

我的英语之路

沈春泉

一、求学之路

生于六十年代的我，开始接受学校教育是在文革后期的七十年代初。小学在村小就读，还读过复式班，就是老师在一个教室里教完这个年级的学生让他们做作业复习，再去教另一个年级。一至三年级没学过外语，直到四年级转到邻村的一所"戴帽子"小学才开始英语学习。

那时的教材相当简单且带有浓厚的政治色彩。记得第一课的课文内容大致是：Long live Chairman Mao! Long live the Communist Party of China! 英语老师的印象已经十分模糊，也谈不上什么教学之道。倒是一位姓吕的语文老师给我留下了深刻印象，他五十左右，人微胖，带着好看的眼镜，很有学者派头。所以那时起，对语文的兴趣远远大于英语，而且一直持续到高中结束。

初三转到公社里一所最大的中学，遇到了我的第一位高中英语老师——顾老师。个子中等的他，国字脸，说话、甚至是读英语都带有点地方口音，但顾老师无疑是我高中阶段最好的英语老师，因为他说话节奏适中，和蔼可亲，不带偏见。但是，高中阶段，我最喜欢的科目还是语文。现在看来，最关键的原因是，在语文学科上我可以找到乐趣、找到成就，要不是因为报考外语专业可以免考数学，当时报考的专业一定是中文系。

就这样进入了上海师范学院(1984年改为上海师范大学)外语系就读英国文学专业。全新的大学生活,对于一位来自郊区的学生来说既新鲜又惶恐,不但要学习众多课程,还得学会与人相处。

开始的一个月令很多人纠结,要适应老师的英文教学,还要适应听力课的要求,紧张、焦虑、疲惫充斥着一天的学习。好在老师们都很好,给了我们许多实用的建议,以帮助我们度过适应期。其中一个建议是让我们去听力室听原版录音,大部分都是英语故事。于是,大家都加入到了听力训练的队伍中。随着接触的增加,对老师的英文教学慢慢适应了,听力水平也有了显著的提高。

第二语言的学习离不开背诵记忆。记得大一时,我们的精读教材是《新概念英语》第二册,教授该课程的葛老师以严格著称,要求我们反复模仿朗读课文直至和录音一样,然后背诵出来,第二天她会在课堂上抽背。大家对老师的严要求一开始很难接受,模仿还好对付,课堂抽背课文有点要命的感觉,尤其是男生。有一次,葛老师照例抽背课文,可有好几位男生没有过关,她生气了,训了我们一通,大家心里都不好过。当晚,男生寝室集体做出决定,第二天课上全体男生主动站起来背诵课文。当精读课上,男生们一个个站起来背诵时,老师露出了欣慰的神色,而我们这些学生也因为老师的执著教学深受感染,语言学习的严谨、严格的种子也在我们这些未来英语教师的心里生了根。

学语言的人对语法总有点敬而远之的感觉,有时候这种感觉会迁移到任课老师身上,不过我的大学语法老师吴老师能让我们学到知识却又心情轻松。吴老师为了突出他要强调的内容,总是用诙谐的语调说:这个点就这么几秒钟过去了,以后不会有了。吴老师喜欢唱歌,课上常给我们小亮嗓子,有一次更绝,居然用英语给我们唱了一段越剧《盘夫索夫》选段"官人好比天上月",他唱一句,我们笑一句,对老师活化英语的教学叹服不已。后来,在多个场合,我也把这段英语越剧唱给很多人听过,赢得过不少掌声,其实这都是吴老师的功劳。

大学生活在"痛并快乐着"的氛围里结束了。从现在的角度回首以往,一个教师对学生的影响有多大? 是知识的影响还是精神的影响？现在还记得当年老师的什么？

其实，教师对学生的影响真的很大。我小学的老师是我的大哥。大哥做事特别认真，而且为人特别诚实。大哥的教课至今没什么印象了，倒是有件事难以忘怀。有年夏天，和小伙伴摘了别人的桃子被发现，结果弄得家人都知道了。为如何教育我的问题，大哥和父亲甚至争吵了起来，父亲的意思说几句就好了，而大哥却很认真，一定要让我认识到自己的错误。

初高中，对文学特别钟情，尤其是高中更是到达顶峰。那时，订了足有十几份不同地方的文学杂志和报纸，包括新疆、青海、西藏等边远地区，摘录了许多优秀的写作素材，所写作文经常被语文老师作为范文在班级朗读。清晰地记得高中两位语文老师，一位是叫刘国梁，戴着眼镜，表情一向严肃，说话一字一顿，还挺高亢；另一位叫杜清源，鼻梁高高，架着黑框眼镜，很有文人气质。两位老师的共同点都喜欢把学生好作文当堂朗读，或是油印出来后发给全班学生批注，而自己的作文也有幸经常被选中。

大学老师自然与中学有所不同，在学术与人文方面更为宽广与厚实。大一有位精读老师，很年轻，很斯文，同样戴着眼镜，声音悦耳，发音动听，这些都是构成吸引我们的原因。但是，印象最深的还是他与艺术系一位女生在一次文艺晚会上表演的女声二重唱"Two Hearts"。一个英语天才，一个歌唱天使，结合得很完美，很优雅，很浪漫，周遭弥漫着浓浓的艺术氛围与异国情调。这个画面哪怕是过了三十年都难以抹去。

老师，是许多学生成长经历中一个良师，一段情缘，一种精神。多少年过去了，老师教授的知识有的淡忘，有的过时，但唯有老师的人格魅力、人生激励和人文气质却是影响我们一生，伴随我们终生的。

二、教学之路

有人说过，人生最理想的就是你喜欢的东西正好是你从事的职业。三十年来，支撑我一路走下去的动力是对学生、对教育的爱。然而,这种爱不是一朝成形,一蹴而就,而是依照自然规律,经历了播种、盛开和结果的周期,也因此经历了教书育人的所有酸甜苦辣,最终升华为一种教育情怀。

1. 育人之理

哲学家帕斯卡说过"人最高贵之处乃在于其思想"。作为一个初出茅庐的新教师,没有经验,没有参照,一开始可能就凭着一股热情参与到纷繁复杂的教育教学工作中去。在众多工作中,有两件事情对我触动很大,也让我逐步领悟到爱的教育有着无限潜力。

九零届有一位体育生宋同学,学习好,为人也不错,但特立独行,忧郁寡欢。我一面尽量让他参与课堂活动,一面把他的歌唱爱好作为切入口,与他接近。原来,他的现状是父子间观点行为对立造成的。为了缓解这对矛盾,我答应了他和我同住集体宿舍的要求。经过一年多的相处和潜移默化的影响,宋同学恢复了自信与活力,与他父亲的矛盾也得到了解决。由此看出,尊重个体,因势利导,对于问题的解决会起到积极的作用。

对个体学生的影响毕竟有限,让更多的学生参与积极向上的班级活动,这是在就任九四届(2)班班主任之后思考过的问题。办一个班级广播台是当时想到的一个主意,原因有二,一是自己喜爱广播,二是当时网络未曾普及,广播仍旧是信息的主要来源。说干就干,召集班干部,策划了"同学之声"广播台,确定了广播台的节目栏目、编辑人员以及播出时间。由于形式新颖,节目活泼,很快赢得了班级学生的关注,成为热点话题。播出的节目不但有如《他山之石》、《课堂内外》、《English Corner》、《大家谈》、《校友信箱》等学习类、工作类节目,更有学生青睐的《请你欣赏》、《昨日经典》、《校园歌手》、《芳草园》等音乐、文学类节目,触及的事件和对象从本班伸向了邻居班级,从学生延伸到了老师,播出两个月后影响波及了全校,一年下来,当时的《中学生知识报》及《当代学生》专门作了介绍。班级因为有了广播台而凝聚了人心、激活了潜力,洋溢着爱意,在学习和生活诸方面呈现了斑斓色彩。毕业时,每位学生都得到了一盒《同学之声》节目磁带,作为青春岁月的人生记录。

包括这两件事情在内的大小事情，让我感受到学生犹如刚刚破土的幼苗，需要阳光雨露的滋润，需要绵绵爱心的呵护，这种滋润和呵护除了给予个体，更要尽可能扩散到更多学生。

埋下的种子发芽了，幼苗渐渐长大了。从一个初出茅庐的新教师到初具教育思想和追求的半成熟教师，此时需要更多教育教学的实践锻造，让雏鹰的翅膀丰满起来。

成功的教育实践应该不断在后续的工作中继续开展，加以延续。九四届办得轰轰烈烈的班级广播台应该在下届学生身上继续开花结果，而且要设法扩大范围，惠及更多学生。

带着这样的想法，"崇中英语广播电台"成立了，不同的是播出语言从中文转向了英语，播出设备从录音机变成了无线电，学生通过无线设备收听。综合节目中，以"FOLLOW ME"为主导教材，外加"经典电影对白"、"STARS ON THE CAMPUS"、"NEWS"、"SING TO-GETHER"、"ESSAYS FROM STUDENTS"、"STORY-TELLING"等栏目。每周二、三、四、五播出四期节目，早上首播，中午重播。编播人员由老师和学生组成，既能确保文稿录音的质量，又能激发学生参与的热情。

播出时间	周二	周三	周四	周五
6:45—7:15	首播	首播	首播	
12:45—1:15	重播	重播	首播	首播

当时的播出时间表

由于每周播出四期，对编播人员的时间和精力和能力带来了很大的挑战，主编们常常为制作一期的节目而加班加点，主持人因为一篇稿子的录音而口干舌燥，但所有这些任务和困难都没有阻止电台前进的脚步，背后的支撑就是一份热爱，一份关注，一份追求。

随着节目的播出，它的影响力也日渐显现出来：早中午时分，学生头戴耳机收听节目成为一道风景；学生对英语的兴趣和热情日渐浓厚；学生编播人员的主持采访、听说能力得到前所未有的提高，主播施同学后来进了上外国际经贸专业，后又去法国留学。同时，教师编播人员同样也在业务素质上得到了扎实的提高,反过来促进了教学,升华了理念。

班主任与学生同欢乐共分担是我的一种信念。九七届(8)班是我带得比较顺手的一个班级,无论班风、学风在年级中均名列前茅,得到同行的称赞、学校的肯定。但成绩也是把双刃剑,一不小心,就会翻船。一段时间过后,意外失去了五星班集体的荣誉。学生一下子懵了,我也着急万分,原因到底在哪儿?与班干部和学生商量后,决定通过主题班会,回顾过往荣誉,鞭策眼下现实,鼓起前进斗志。一位女生动情回忆,泪流满面,泣不成声。班会末尾,在我填词、班级合唱的《八班,尽显英雄本色》的歌声中,学生意识到取得成绩容易,但要保持,需要恒心与意志;同时也体验了师生共同担责的一份陪伴、一份激励、一份成长。事后感慨,如果一味批评,不共担责,缺乏关爱,效果会大打折扣。

作为教师,作为班主任,有些事情依然清晰可见,有些情形也许依稀模糊,但所有与教育教学相关的"琐事"都是其成长的必经之路。

2. 教学之道

如果说班主任工作累并快乐着,那么教学工作和自身成长则是一种"酸爽"的感觉。

回顾三十年的教学实践,一种淡雅的教学风格成为始终的追求:"设计严谨,重心得当,措施一贯,效果易见"。这种教学风格是通过日常教学实践中慢慢形成的理念加以支撑的。

第一个理念是"家常课公开化,公开课家常化"。家常课公开化,体现"精细"二字,在重点难点、细节处理、教学机智、课件制作等方面重点研磨。公开课家常化,要体现"实际"和"可行",因为它的指向不是仅限于本堂课,而是更远、更广的平常课。近十年来,通过不同主题、不同形式、不同范围的研讨课,包括2011和2012连续两年在云南沧源和龙陵的教学交流,更加坚定了这样的信念。

第二个理念是文本挖掘与有效互动。教学,归根结底是人的教育,知识可以忘记,但人的品行和思想应该在教学中立起来,教师在这个过程中责无旁贷。对文本中暗含的精神力量或道德之美通过系列提问的方式,让学生在"提问——思考——表述"中感悟出来。同时采用"提问——释疑——理解——追问"的互动模式,这样的互动既是知识在师生间的有效传播,也是民主式师生关系的载体。

第三个理念是课后自省。每次课后,自我梳理,自我剖析,自我改进。自省的结果或存于脑海,或留于笔端,或录于博客。理论的学习,实践的支撑,让自己不断在教学自省中发现问题,解决问题。

教学的成长离不开自身素质的提高,而成长道路上的名师工作室则是极为重要的助推器。2007年9月,有幸成为县英语名师工作室的一名学员,拜高炎老师为师,以课堂教学为抓手,潜心修行。高老师曾反复强调,"课前要想清楚",这个"想清楚"也许就是在学情、目标、策略、资源、效果等几个环节有目的地策划和安排。通过日积月累的学习、观摩和实践,慢慢把高老师对教学设计的严苛要求、教学重难点的精准把握、教学机智的灵活运用移植过来,成为自己的一种教学追求和实践。

第一期工作室刚毕业,2010年9月又成为了学科带头人工作室的学员,连续的学习难道不累吗?累,但难得的机会,自身的成长,可以忽略学习的疲劳。学科带头人工作室,侧重的是学习全新的教学理论和理念,通过课程编写、课堂重构着重提升学员的课程引领能力和课堂构建能力。

两届工作室的学习为自己打开了思考视角,提升了指导能力。期间,参与编写了工作室成果手册,开发了《高中英语新闻听力的制作与实践》课程,并在2013年暑假进行了首次培训工作。

通常教师如果热爱教学工作,他会想方设法找到有效的"教学点"并持之以恒。

NewsQuiz是2004年开始实施的英语新闻听力实践之一,至今已有十多年。NewsQuiz的宗旨是通过我编制的最新听力教材,提高学生听力意识和能力,服务于高中,作用于大学。十多年的坚持,最起码带来以下三个方面的收获。

首先,学生获益匪浅。学生不但在高中三年明显提升了听力水平,也在高考及各类竞赛中占有优势。06年我的四位学生组成代表队首次参加上海市SSP杯高中生英语辩论赛,过关斩将,入围八强。

其次,提供科研素材。教师在忙于教学的同时,苦于寻找研究素材,而一个教学项目的实施可以带来多方面的写作素材。以此为契机,交流和发表了《高一学年 NewsQuiz 训练总结与分析》、《理科班听说训练的有效实践》、《高中英语新闻听力材料的制作与实践》等论文和课题,达到了双赢的效果。再有,教学境界提升。这一实践告诉我:想法都有,贵在落实;不做则已,一做到底;认准方向,坚持自己。

之所以一直坚持听力训练,也是源于自己对听力教学的逐步认识。高中老师均毕业于正规院校,经过严格的听力训练,应该具备了最起码高于高三毕业生的听力水平。但现实不尽然。许多教龄十年以上的教师由于平时疏于听说实践,自身听力水平下滑明显。所以教师必须通过具体的实践平台提高自己听力水平。可以经常读英语报刊,了解英语时事,增加和巩固英语词汇,也可以经常收听收看英语新闻,高频率英语语流输入加上通过阅读得来的英语信息会让你理解新闻的百分比不断增加。所有这些犹如甘泉,源源不断地把新鲜血液输入到身体的各个部位,不至于因为落伍而被教学淘汰。

如果说自身听力实力是砖,那么听力教学能力就是瓦了。听力教学,不同于其他,它更具有科学性、持久性和参与性。首先要有科学系统的训练方法。循序渐进、由低到高是第一步。由于学生对听力无名惧怕,教师起始的训练应该简洁、单一些,引导学生上道,筑起成功第一关。经过一阶段平行训练,再不知不觉过渡到下一阶段。形式多样、内容丰富是第二步。生活中遇到的情况非单一、课堂式的情景,而是千变万化、五花八门,所以平时训练的内容应该涵盖多方面,涉及众情景,训练题型也应该不拘一格,而不局限于高考题型。原汁原味、语言地道是第三步。听力训练的终极目标并非高考,而是生活工作中的运用,而生活中英语交流对象并非固定一国,也并非人人发音如播音员般标准,所以提倡利用以英语为母语讲话者的录音素材,创设听力的"原味环境",为以后更高一层的听力训练打下扎实的基础。另外,英语新闻中众多对不同国家、不同口音人士的采访录音,这些来自不同文化背景的讲话者为接受训练的学生带来了语音的多样性,从而适应性也会更强。

其次,听力训练应该是持续恒定、日积月累。凡事开始容易,坚持很难。有教师一开始雄心勃勃,计划多多,可一段时间过后热情一落千丈,不久便搁置脑后。也有老师遇有比赛活动训练几下,过后打回原形。更有老师自己都怀疑训练效果,何来持久?这些现象的根本原因还是急功近利、缺乏耐心在作祟。作为教师,应该意识到听力训练非一日之寒,应放下心气,杜绝急躁。坚持一个信念:只要科学、持久地训练,总有一天会有收获。想与各位同仁共勉:听力训练是一个寂寞的工作,耐得住孤独,才会出成果;听力训练又是一个参与性很强的活动,必须要求学生和老师共同参与完成。如若只有学生参与,老师只是陪练、校对答案,训练只会流于形式,学生也不知错在哪里,难在何方。如果教师事先备好功课,参与其中,给予学生必要指点,重难点处适时反复,那效果肯定大不一样。

俗话说,"得阅读者得天下",但如何既能为学生提供新鲜的语言材料,又能为高考阅读进行系统训练?于是带领备课组开始了"最新原创阅读训练"的编写探索。材料来源均选自英文网站最新消息或成果,然后成员分工协作,编写成不同题材、不同题型的阅读训练素材。两年多下来,总共编写了 12 套阅读素材共 91 篇文章,内容涉及新闻、时政、观点、娱乐等多方面。这项实践既培养了教师选材、命题的能力,更重要的是开阔了学生视野,增加了词汇量。

为学生准备精神食材的同时,给学生适当的阅读指导也是必不可少的。我觉得指导学生阅读时,至少三个方面值得关注。首先,从语言角度去指导学生阅读。衡量一篇文章写得好不好,语言的运用是个关键的因素之一。换句话说,如果一篇文章具备了良好的语言素材,那么就可以成为教师指导学生的材料,自然也就成了学生吸取语言知识的材料。其次,从篇章结构去指导学生阅读。看一篇文章的说理、思路是否清楚,主要是看它的布局、结构是否合理、自然,是否符合一般读者的阅读习惯。好的结构会让人容易进入作者的思路,明了作者要表达的观点,并对作者最后想要阐明的观点有合理的结论和推断。

另外,从文化背景去指导学生阅读。如果说前面两点是属于语言基础范畴的话,那么第三点则完全是背景知识方面的了。有学生说,他能看懂单独的词汇和句子的意思,但是看完整篇文章就是讲不出作者到底讲述了什么。以我来看，他很有可能不理解作者表达的内容的背景。语言与文化密不可分，语言有丰富的文化内涵，文化意识是综合语言运用能力的一个组成部分。英语学习中有许多跨文化交际的因素，这些因素在很大程度上影响着对英语的学习和使用。

一直记得这个案例：一个语篇中出现了这样一句话：Till I went to that concert, I had always adopted the "**live and let live**" attitude that rock music was simply not to my taste but that other people have every right to enjoy it. 许多学生对短语"live and let live"觉得令人费解，文章也没有其他明显的解释。教师在这里就应该及时补充这方面的有关背景。

在美国等西方国家，经济发达，但是天灾人祸也不断。艾滋病、种族歧视、性别歧视、对弱势群体(如同性恋)的歧视等等。因此在这些大背景下，主持正义和公道的人们提出了这样一个理念，那就是所有这些现象中的受害人实际上和其他人都是平等的，他们同样也应该享有人的基本尊严，同样也有权享受生命带来的乐趣，所以他们就创造了这样一个短语"live and let live"来激励和唤起众人的意识。该短语字面意思是"活着，也让别人活着"，内在的含义就是"各自生活不相扰，待人要宽容，不相互挑剔"。

理解了这个词语的有关背景之后，再去理解文章的作者一开始对 rock music 所抱的态度，也就不难理解了，那就是他自己不喜欢 rock music，但是不会干涉别人的喜好。

对于学生来说，要真正提高英语阅读理解能力，关键还在于多读，尤其是多读一些难度较大的文章，利用语法知识解决阅读中的困难，通过阅读加深对语法知识的理解。只有在阅读实践中，有意识地学习、积累，应用阅读过程中所需要的英文词汇、语法知识，才能奠定提高英文阅读理解能力的基础。对于教师来说，帮助学生克服语言障碍、文化障碍和背景障碍也许是指导学生阅读时最基本的三部曲，这样能在有限的时间内帮助学生真正提高阅读能力。

当然，阅读理解能力不是一朝一夕就可以提高的，关键在于坚持。英文有一句话说得好："One cannot succeed without perseverance."。只要目标明确，坚持不懈，并运用成功的阅读策略，英文阅读理解能力就会不断提高。

3. "我师"之见

古人说:三人行,必有我师。生活中真的处处有我们学习的人,从朋友到同事无不如此,只要你有心,没有学不到的东西。

记得刚参加工作不久,对组里老教师那种有条不紊的工作态度,沉着冷静的课堂教学佩服得五体投地,心想莫非他们有三头六臂?近五十的吴老师是一位出了名的"凶"老师,学生见了都有点怕,怕就怕在她"凶"的时候是冷若冰霜,而"柔"的时候又是笑容灿烂。她是我们组里的"工作狂",整天和学生"混"在一起,不是谈心就是开小灶。吴老师的教学也是滴水不漏,她备课要备到文底下细小的注解,出卷要出到个别读音的细微差别。当时觉得她有点过头,哪有这样教英语的啊,可是后来想想也明白了,毕竟学生是一张白纸,老师怎么画学生就怎么样,所以得一丝不苟!在以后的工作中吴老师的工作态度对我的影响不可低估。

那时候我们的组长陈老师也是一位很"拽"的人物,因为教学、生活、文艺,他样样都行。教学上是专家权威,班里学生被他熏陶得恨不得个个报考外语系,而生活中他也是行家里手,烧饭、洗衣、缝纫、修理、织绒线,简直是万事通。他的业余生活也情趣盎然,会钢琴,爱写作,搞翻译,琴棋书画,样样在行。然而他对我最大的影响是他可以把什么都整理得井然有序,不管是备课教案,还是练习试卷,均在学期结束时装订成册,写上目录,以备查用。所以后来我的许多整理材料的方法其实都源自于陈老师。

有些东西当时看来无足轻重,可回头反思却受益匪浅。还有一些东西你一旦从同事那里学会会受用终生。

康比我早两年进学校,教初中,人很瘦但很精干。刚参加工作的我英文打字还停留在原始阶段,而他却是打字如飞。我说教我打字吧。他也不含糊,拿出他早些时候学打字时的教材,说:如果你真的要学会打字,那么上面的指法练习必须在规定的时间内练完规定的次数,而且要把时间日期写在旁边以便提醒自己。我也不吃素,按照他的"指示"直练得天昏地暗。终于奇迹出现了,突然我打字时再也不用回到导键上去了,可以直接盲打了!(导键:键盘中间那排字母,初练打字时,打一字母,手指即刻回到导键,以培养手感)我兴奋极了,从开始练到可以连续盲打,整整一个月!这一个月让我深切地体会到了什么叫"从量变到质变",什么是"熟能生巧",什么是"功到自然成"……如今的人不知道是否还会从指法开始练习打字?

无论从谁那里学到东西,都得表示感谢,因为他们,自己才掌握了这些知识,因为他们,自己才学会了这些技巧。

不知你还记得否,我们现在的电脑操作技能是何时开始学习的?二十还是三十年前?依稀记得刚开始工作的时候学校里的电脑还很稀罕,仅有的几台电脑也是享受特级保护待遇,非工作人员严禁操作。有一次我乘负责老师不在,偷偷打了几页材料,结果偏偏卡纸了,打印机不动了。这可把我吓坏了,赶快手忙脚乱地把卡住的纸用力抽出来扔掉。还好没被发现,不然准被"痛扁"一顿。

超是学校元老级电脑老师,也是我的电脑启蒙老师。我们每一次的电脑培训,每一次的电脑考试,都有他辛勤指导的足迹。似乎是九七年,全体教师参加初级培训,上课的时间是晚上,老师自然是超了。我们当时真是刘姥姥进大观园,什么都不懂,什么都新鲜,但是超却非常耐心细致地给我们逐个破解谜团,把我们顺顺当当地送进了考场。随后当我得知考了98分时,心里除了高兴,便是对超的感谢。刚买电脑那会儿,整天围着它转,也不知道让它休息,结果它反抗了,来个罢工。当然还得要找超了。后来老电脑退休,新电脑上任,可是操作系统经常出问题,这个时候又少不了超,大热天来给我整电脑。所以超是我永远的老师。

其实有许多同事在你的成长道路上铺过砖加过瓦,有时候是一块木材,有时候仅仅是一颗螺丝,甚或是一根细针,但就是这些大大小小、不计其数的帮助才使得你能成长为一棵参天大树。也许有的同事已经调走,也许有的同事已经谢世,可是他们的点滴功劳却还在你的身上继续延伸,还在发着光,散着热。

一个教师的成长,需要一块合适的土壤,在那里,播种、发芽、成长、结果。教师对教育教学的理解，根植于教师自身的信念和素养，而对教学的追求则是在此基础上不断地风雨洗礼与浴火重生，慢慢形成一种教学风格、教学理念和教学原则，从而最终成为自己的教学情怀。

沈伟刚老师简介

沈伟刚,出生于1964年。1986年毕业于上海教育学院(后与华东师范大学合并)英语系。2000年和2010年分别两次赴英国兰卡斯特大学和奇切斯特大学进修。2005年和2010年两次赴北京参加教育部主办的国家级骨干英语教师培训,担任班长并荣获国家教育部优秀学员奖。曾荣获区中青年教师教学评优一等奖、区首席教师、区学科带头人称号。曾担任区名师工作室主持人、区优青工程导师、区高级教师职务评审英语学科组长,也多次担任区中青年教师教学评优学科评委。

聚焦课堂,连续十五年从事高三毕业班英语教学。崇尚"和谐、快乐、互动、高效"的课堂教学,教学成绩优异。所带班级多次荣获上海市先进集体,辅导的学生曾获上海市科普英语竞赛团体一等奖、全国ACT电视口语大赛金奖、中国日报中学生演讲比赛上海赛区一等奖、上海市上外杯英语竞赛一等奖。

英语教育让我快乐一生

沈伟刚

一、留在学生时代的记忆

"文革"期间出生的我，都不记得小学英语都学了些什么，也不记得小学教我英语的老师是谁，但隐约还记得自己很认真地对待某一次考试的经历。记得那次考试老师布置了很多中译英，要求我们背出来。于是，我在考前花了很多时间背，一个单词一个单词地背，然后再连成句。不懂语法，也不懂句法，只是死记硬背而已，最后考试好像还是没及格。岁月流逝，有关小学英语学习的记忆仅此而已。

中学时代，遇到了我喜欢的符老师、唐老师，还有卢老师，我的英语学习成绩也从一般提升到了优秀。记忆中这几个老师都是工农兵大学生，但在那个年代已是很了不起的人物了。这几位老师留给我的印象是和蔼、亲切、生动、有趣，当然也很严厉。我自认为不够聪明，所以我一直努力做一个勤奋刻苦的学生。老师要求背的、做的，我都会保质保量地完成。尤其是高中阶段，我还担任了英语课代表，对自己英语学习有了高的要求。除了做好自己，还要做好老师的助手，帮着老师批改作业和试卷、组织全班朗读、默写和背诵之类。我想，别人可以做得不够好，但我必须做到足够好，因为我是课代表。

高中阶段有一件事，我至今难以忘怀。记得一次考试，老师给的范围是英语非谓语动词。大家都知道，那个年代除了一本教科书，没有其他的教辅材料，即便有，也没有钱去买。那怎么复习非谓语动词呢？我花了一周的时间，把教科书上所有有关非谓语动词的句子都整理出来并挖空，也就是自己出题给自己做。结果那次考试我得了98分，全班就我一个人及格。1982年高考，我英语成绩95分（满分100），也算是个高分了，可惜那个年代刚进入改革开放，英语学习也刚起步，英语成绩只按20%计入高考总分。但不管怎样，中学阶段，对英语老师的喜爱，奠定了自己一生对英语的热爱。也正是有了那几位老师，我的同学中有好几个都走上了英语教师的岗位，有当中学教师的，也有当大学教师的。可见，遇上一个好老师是学生一生的幸福。

大学是在上海教育学院英语系度过的，后来该学院与华东师范大学合并了。大一的时候，我很自卑，一度怀疑自己到底喜不喜欢英语了。由于在高中阶段只重视笔头训练，因此英语口语比较弱，不敢开口说英语。即使开口了，老师也会指出这里发音不好那里发音有错。因为我是师范类的学生，毕业后要从事英语教学，所以老师对我们的发音，包括语音和语调，特别注重。每天晚自习，班上同学要么在教室里戴着耳机听英语、跟读、模仿，要么各自去校园找个有灯光的角落背诵英语。记得有个同学，为了模仿一个英语句子，据说共听了500遍原句。真假已不重要了，但认真的态度是肯定的，以至于后来，"500遍"便成了这个同学的绰号了。还记得自己为了一句"Nice to see you, too."，反反复复练了无数次。大一时候的口试，现在想想，真的好辛苦。记得我们用的教材是《新概念英语》（*New Concept English*），口试就是背诵其中的一课。记得有一次，考试范围是第三册前30课，我们必须全部背出来。口试的时候，先抽签，就是从背诵的30课里面抽一课，准备5分钟，然后按下录音键，边背诵边录音。老师听录音，给学生打分。口试结束，老师还会指出我们口试中出现的各种问题，包括语音、语调和语速，让我们心服口服。就这样，我们的口语能力逐渐提高，遇到外教的课，也敢与之交流了。

等大一读完，发现自己的英语有了很大进步，无论是精读、泛读、语法、听力，还是其他相关的课程，每次考试基本都是前三名。因为知道毕业后要走上教学岗位，我那个时候还特意去位于淮海路的前进业余进修学校学了英文打字，考了打字合格证，还买了台英文打字机,早早为成为一名英语教师做好了准备。

大学阶段最难忘的是那一段实习的经历。记得有一个月时间在杨浦区昆明中学实习,带教我的是一位非常资深的张老师。据说是一位基督徒,对事业非常热爱。他特别严厉,对我的要求也特别高,要求我每天都要把写好的教案给他修改,每天进班级上课前都要把上的内容先跟他讲一遍。当然,每天放学之前,他总会把我当天教案中和上课时存在的问题一一指出。如今回想起来,正是他的严谨才造就了今天的我。可在那个时候,年轻无知的我竟然还羡慕其他同学实习过程中的"自由",教案随意写,课也随便上,带教老师似乎也是"带而不管"。

二、终于成了一名英语教师

1986年9月,我终于走上了小学英语老师的岗位。作为新手教师的前两年特别快乐,充满着成就感。小学五年级的教材很简单,教学内容也少。比如一堂课的教学内容就是 ABCD 四个字母。再比如,一堂课的内容就是教 it is 句型。内容少,怎么办?于是,每天我都会围绕教学内容设计很多活动,让课堂丰富多彩,让每个小朋友都动起来。除了完成教学内容外,还教给学生几十首少儿英语歌曲。学生学得很愉快,我也教得很愉快,学生的考试成绩在区里也总是名列前茅。记得有一次带学生参加区小学生英语竞赛,竟然包揽了从个人到团体的所有奖项。这一次竞赛后,我"出名"了,被很多老师记住了。参加工作的第二年,我被破格评为小学英语高级教师,上级部门还聘任我担任兼职教研员,说是能把一个小学的英语搞得这么好,就能把一个区的小学英语也搞好。那一年,我才23岁。

两年后,我被调到一所初中任教,同时兼任初中英语教研员。初中英语教学是我整个教学生涯中最辛苦的岁月,尽管只有六年,但磨炼了我的意志、锻炼了我的品质。那是一所很普通的学校,中考毕业的学生,优秀的进入重点高中就读,一般的只能进入技校学习,考不上的只能在家待业。学校当时规定,为了学生,教师必须努力帮学生考取一所学校,不能让他们待业。这六年中,我有四年在教初三英语、学会了"盯、关、跟"，学会了不计时间帮学生补习、学会了"讨好"学生、学会了"非要你学"、学会了"非要你学好"，最终学生在中考中都取得了较好的成绩，我也得到了领导、同事、家长和学生的认可。1992年，我被评为了上海市先进工作者。

在教学上，我除了勤奋，也善于动脑筋。我喜欢琢磨如何把复杂的语法现象讲得简单、明了、易记、易用；如何把枯燥乏味死背单词变成生动形象地在语境中活学活用；如何用任务型的方式帮助学生做好语篇阅读等等。教学实践与教学理论的结合，或是说用教学理论指导教学实践，对提高教学质量有很大的帮助。担任兼职教研员的五年，我读了很多教学理论的书籍，也参加了不少英语培训，对英语教学理论与教学实践的结合有了很多认识。虽然是兼职的，但对于教研员的工作也丝毫不敢怠慢，到其他学校听课与评课，组织各项英语活动，每年多次命题工作，给了自己锻炼和成长的机会。那些年很忙碌、很辛苦，但收获是满满的。

1994年，我到了一所区重点高中教书，一待就是十年。这十年中，我连续有八年奋战在高三第一线，为学校升学率的提升做出了贡献。当然，英语教学成绩在区内始终是名列前茅。这十年是我教学技能走向成熟的关键期，我从区中心组成员成为了教学能手，又从学科带头人成为了区首席教师，每一步的成长离不开学校领导的支持，离不开自己的勤奋与刻苦。无数次的公开课、研究课，还有多次获得区中青年教师教学比赛一等奖，让我得到了更多磨炼的机会，在教学上变得更加成熟。1999年，我教的一个学生考上了清华大学，我获得了学校的奖励，于是更坚定了自己的信念，好好教书，培养更多的优秀学生。

2004年，我被调到了一所市实验性示范性高中教学，也就是俗称的"市重点"。一待又是十年。这十年，我担任过教研组长，带领教研组成为了区优秀教研组，还做过教导主任，为学校各教研组的建设出过力，为学校高考升学率的提升流过汗水，为学校的可持续发展做过贡献。也曾担任国际部主任，为培养学生跨文化的国际意识做过很多国际交流的工作。

2015年，职业生涯最后的十年，我来到了四大名校之一的交大附中。好多朋友都想不通：都这个岁数了，还图个啥？功成名就了，就没必要这么辛苦了。我也问过自己无数个为什么，其实还是心底那个最原始的答案：希望能在教学上保持永久的活力，希望能在新的平台上遇见更好的自己，因为我真的热爱自己所从事的这份事业。

三、让我永生难忘的事情

教学生涯中值得铭记的事有好多，尽管有过多次出国培训的经历，多次去北京参加国家级培训的机会，但真正印象深刻的、影响我教育教学思想的主要有两件事。

2000年，我被市教委选派去英国兰卡斯特大学进修。那是我第一次出国培训。我非常珍惜这次机会，我想利用这次机会解决教学上的问题，哪怕就一个问题。那时上海高考刚开始出现写英语作文，那么如何在考场有限的时间里写出高分作文就成了我去英国想要解决的问题。在进修期间，我在大学图书馆查阅了很多书籍和资料，在导师的帮助下完成了教学生涯中第一篇高质量的论文《过程化英语写作教学策略》。回国后，在学校成立了课题组，就这一教学策略与英语作文教学相结合，开展课堂教学研究。这一课题取得了很大的成功，研究论文在各级教育教学科研论文评比中获得一等奖，教学成果在区内很多学校推广使用。当时的区教研室教研员张老师在我校组织过多次大型教学研讨活动，我也成为了公开课的专业户。这次的培训，我真正学会了做课题，学会了写论文，学会了理论与课堂的结合。还有就是，英国大学教授对英语教学的热爱、执著以及敬业精神，永远是我学习的榜样。

2010年，我被选派去北京参加国家级培训。这是第二次去北京参加国培，我担任班长。北京的冬天，我读到了这样一个故事：鹅比较勇敢，那是因为鹅眼看到的物体比实际要小；牛比较谦逊，那是因为牛看到的物体比实际要大很多。我突然明白了这样一个道理：视界决定行为！北京国培，与其说诸如陈琳、刘道义这样的大师以及张连仲、周燕、文秋芳等教授给予了我们专业理论上的指导，还不如说是他们的言行诠释了什么是精湛、什么是奉献、什么是敬业、什么是务实、什么是与时俱进。这是一种视界，只有国培基地的学员才能深深领悟到。面对外语教学界德高望重的教授,面对滔滔不绝的同行,我没有了往昔的自信,陷入了沉思。如何在基地有效地学习? 如何向来自全国各地的优秀教师学习? 一次次生动的报告与讲座使我的英语教学理念有了很大的变化。学员们一次次热烈的讨论,仿佛仍在眼前。无数个生活与学习的片段在脑海中涌现,激励着我们更新理念,提高驾驭英语课堂的能力。于是我不再彷徨,因为教学思想在北京接受了洗礼,教学理论在国培基地得以提高与积淀。那年的冬天,我的教学技能有了长足的进步——开拓、进取与超越。

四、我对英语教育教学的认识

自从做教师的那天起,我就清楚地知道自己该做些什么并为之而努力。常言说,师者,人之模范也。教师是以培养人为终极目标的,教师自己就必须造就成一个值得推崇的模范,具有诚挚博大的无私爱心。选择了教师这一崇高的职业,只有淡泊名利,才能明示自己的德行;只有内心平静,才能到达高远的教学境界;只有心胸宽广,才能乐在"传道,授业,解惑"中。这些年,我始终思忖:如何做一名优秀的教师? 著名教育家于漪老师这样说:一辈子做教师,一辈子学做教师。我非常赞同,因此一辈子努力学做老师,也是我的座右铭。

作为教师,离不开课程标准。不学习课程标准,教学就没了航道,也没了灯塔。课程标准是规定某一学科的课程性质、课程目标、内容目标、实施建议的教学指导性文件。因此,无论是作为教师,还是教研组长,或是教导主任,我都会学习和组织教师共同学习课程标准。英语课程标准将英语课程的总体目标确定为学生综合语言运用能力的形成,而这一能力的形成是建立在学生的语言技能、语言知识、情感态度、学习策略和文化意识等素养的整合发展的基础之上的。这一目标的确定,将英语课程从仅仅关注知识与技能的培养提高到对学生整体素质的培养,使学生既有较强的英语语言运用的能力,又有自主学习能力和良好的个性品格,从而为终身学习和发展打下良好的基础。只有认真学习过课程标准,教学才不会走弯路。

语言就是文化,语言教学不教文化还能教什么呢? 当我们在讲授一门语言的时候，就在传递一种复杂的文化习俗、价值观、思维方式和情感等，学习语言决不可忽视文化知识。因此，在学习语言的同时，应增强文化差异意识，既要熟悉本族文化，又要了解异国文化。当今适逢英语高考改革，英语教学更要关注学科核心素养的实质内涵，包括英语学科的育人价值、语言能力、文化品格、思维品质和学习能力。核心素养概念的提出，是我们国家顺应世界教育改革发展潮流，从国家战略的高度，为新世纪教育改革确立的发展方向。因此，作为新时期的英语教师，同样要顺应时代的变革，与时俱进。

多年来，我们经常说理论与实践相结合，但是较少研究究竟怎样结合，主要停留在各式各样的"口号"上，严重制约了理论的实施。我始终认为，现代教育必定以特定理论为支撑和指导的，没有理论指导的实践是盲目的实践。加强教育科研，是提高教师素质的必经之路。在过去的教学生涯中，我做过很多课题，如"过程化写作教学研究"、"小说阅读与学生口头表达能力的研究"、"课堂听力教学有效性研究"、"文学名著教学策略研究"等等。这些科研论文在国家级、上海和区内获得了很多奖项，也坚定了我加强教育科研，注重理论与实践的结合的信念。时代要求教师从经验型转向科研型、学者型、专家型，我们不仅应该掌握教育规律，教育教学技巧，还应通过教育科研实践，不断取得新知识，探索新领域，在教育科研实践中，不断提高自身素质。除此以外，通过课题研究改变教师的观念，推动课堂教学的改革和创新，形成各具特色的教学风格。

和许多老教师一样，我也经过青涩期、高原期，也遭遇过瓶颈期，但最终走向了成熟期。如今，虽已是知天命之年，可我仍然渴望能进入超越期，然后满怀成就感进入退休期。如今，我对教学的热情不减当年，研究视野比以前更开阔，对自己的教学生涯和人生定位有了更高的追求，更高的理想促使我不断探索教育的本质规律。有人说，这就是超越期、名师期的特征。话虽如此，我依然会潜心前行。

五、让我印象最深刻的一节课

记得有一次，我应邀赴崇明扬子中学参加同课异构活动。教学内容是《新世纪高中英语》第二册第七课 *A Brief Look at Two Metropolises*。如同每一次参加公开课一样，我对教学内容做了充分的"预设"，期待能产生精彩的"生成"。但是我知道，这些"预设"是我的主观判断，按照"预设"完成计划中的"生成"固然很顺利，也一定会有"预设外"的突发状况。事实上也是如此。

原以为借班上课，主办方会借出较为优秀、较为活跃的班级。那天是下午的课，离上课还有 10 分钟，我想先去班级适应一下环境，顺便也调试一下上课用的课件。让我十分诧异的是，与我预想的情况截然相反。原本学生都安坐在座位上，有几个学生在热烈地聊着什么。当他们看到陌生的我走入教室，神情立刻就"警惕"了起来，瞬间一片寂静。偶尔还听到个别学生提醒同桌的声音：老师来了，把书拿出来。我顿时感觉这个班级的学生很"乖"，甚至太"乖"了。心里面不由得打起鼓来：这样的班级在上课时会不会很沉闷？会不会很难互动？如果是这样，或许我也会紧张，也会出现一些意想不到的尴尬。

这样的气氛实在让我心里有些忐忑。于是，我决定从我做起，让学生不要过于拘谨。我走下讲台，来到学生身边。我主动与学生们拉家常，诸如，家离学校远吗？爸爸妈妈做什么工作？崇明岛有什么旅游景点？以后准备考什么大学？为了与学生增加交流，我甚至还请第一排的一个男生帮我打开电脑调试了一下 PPT。

虽然有了一些沟通，但是学生的拘谨还是难以打破。我的脑海中一直在思考着，等会儿应该怎样开场。大多数老师在借班上课时都会采用的这样的问候方式：我是某某某，今天很高兴来给你们上英语课，希望大家能配合我。我灵光一闪，为何要让学生配合我，而不是我去配合学生呢？……这时上课的铃声响了，我回到讲台。我的开场白是这样的：

"Hello, everyone! I'm Carter. I'm new here, so when I say good afternoon, please give me loud response, which will give me confidence. All right?"（大家好，我是卡特。初来乍到，当我问候大家下午好的时候，也请大声响亮地问候我，因为这样能给予我信心。好吗？）

学生们响亮地给予我问候之后，我用三种不同的句式询问天气情况,然后把学生引入到今天的主题上来。

> T: It is a nice day, isn't it? ╱ It isn't a nice day, is it? ╱ What a nice day, isn't it?
>
> S: Yes, it is.
>
> T: It's really a nice day today. Let's go and have a look at New York and London.

通过与学生这样的对话,加上之前与他们的课前简短交流,学生的拘束和紧张缓解了许多,同时我也将本课的话题引了出来,即对纽约和伦敦这两个大城市的对比。同时,我也很清晰地告知学生今天学习的内容:在进一步理解文本的基础上,学会使用其中的一些重要的词或短语。因为我希望学生能有一个良好的心理调整和准备的过程。事实证明,我的开场方式很有效,学生的思维很快投入进来,参与的积极性也很高。渐渐地,我也就不用担心学生参不参与或是配不配合的问题了。

按照我平时对于第二课时的教法,在教授一个新单词的用法时,我通过针对课文内容提问的方式引出生词,既达到对课文进一步的理解,又能在不脱离语境的情况下学习生词。

> T: What did the businessman do or say in the 19th century?
>
> (文中提到过十九世纪有一个商人,他做了或是说过什么?)
>
> S: He predicted that New York was going to become the center of the world.
>
> (这个商人曾经预言纽约会是世界的中心。)
>
> T: What's the definition of the word "predict" in English?
>
> (那么,怎么用英语来解释"预言"这个词呢?)

我板书了 predict 这个词,要求学生根据上下文,用英语来解释这个单词。原以为,学生会很容易地用英语来解释这个单词的意思,没想到接连几个学生都没有回答正确。我心里暗忖,这可是第二课时,你们第一课时怎么学的? 因为在第一课时中,教师往往会在阅读之前帮助学生扫除一些影响阅读的生词。

突然,我听到有个学生在座位上轻轻地说:"知道是'预言',但是不会用英语来解释啊。"

学生无心的一句话,让我意识到问题的症结。是直接告知学生答案还是另想办法？稍加思考后，我立刻从讲台上拿了支粉笔，在黑板上写下了：

A. To give commands or directions

B. To make known in advance

我要求学生从 A 和 B 两个意思中选择其一，没想到学生们竟异口同声地回答：B。

看来，我的想法没错。学生们不是不理解这个词的意思，而是我要求他们用英语来解释英语的要求超过了他们的实际能力。在降低了难度之后，授课得以顺利继续。可见了解学情、了解学生是多么的重要。

紧接着，继续通过提问的方式，在语境中学习单词 predict 的名词形式。

T：What about his prediction? Has his prediction come true?

（这个商人的预言是什么呢？他的预言成为现实了吗？）

S：His prediction has partly come true.

（他的预言部分成为了现实。）

当学生了解了单词 predict（动词）和 prediction（名词）之后，继续通过 PPT 上的几个例句学习他们的用法。比如：predict 后接宾语从句的用法；prediction 后接同位语从句的用法，及其相互转换。由此可见，结合文本语境可使学生更加深刻地理解单词的用法和多种意义，从而对于单词的记忆更加牢固。

传统的词汇教学方法就是满堂灌，然后进行翻译训练。词汇与语境得不到联系的词汇教学会使学生失去了很多认识、理解、使用并记忆单词的机会。从我的教学经验来看，最有效的词汇教学就必须结合语境，结合文本来进行，让学生在阅读活动中自然而然地学会运用目标词汇。正如语言学家吕叔湘先生所说：词语要嵌在上下文里头才有生命，才容易记住，才知道用法。除此以外，教师必须根据学生的实际能力来预设各种活动，让学生既能明白做什么，又能把该做的做好、做到位。

在讲到 change for the better 这个短语时，我原本以为是一个非

常简单的短语,学生一定知道它的意思。于是,当 PPT 上出现这个短语的时候,我点了身边的一个男生:

T: Do you know the meaning of this phrase?

S: Yes.

T: Then, can you make a sentence with this phrase to show me your understanding?

(那你就用这个词组造个句子,让我看看你是怎么理解的?)

没想到,这个学生挠头搔耳。刚开始似乎还在不停地思索着什么,接着就开始左顾右盼了……遗憾的是,我想着法子也没能帮助他完成任务。我心想,用这个短语造句应该不难,怎么会说不出来呢?

过了一会儿,这个学生说:"Sorry, I just know the meaning, but I couldn't make a sentence with it. I don't really understand it." (对不起,我只是知道这个短语的意思,但是我造不来句子,我还不是很理解。)

这个时候,我恍然大悟:学生找不到一个能用这个短语的"地方",那就是"语境"。学生不知道在什么场合才可以使用这个短语。

于是,我又回到文本,向他提了这样一个问题:

T: According to the text, what about the Londoners' prediction?

(从课文看,伦敦人对伦敦的预言是怎样的呢?)

S: Many Londoners did not expect that their city would change for the better.

(许多伦敦人没有料想到他们的城市会向好的方面发展。)

T: The city is changing for the better, I think, and no one hopes that their city will change for the worse. Do you agree?

(城市向着好的方面发展,没人希望他们的城市朝着不好的方面发展。你赞同我的观点吗?)

S: Yes.

我边给学生举例,边在黑板上板书:change for the better, change for the worse. 这样一来,学生很容易地就理解它们的意义和用法了。尽管如此,我感觉到课堂气氛不如开始那阵,似乎变得越来越沉闷了。于是,灵机一动,我便在此刻创设了一个新的情景。

T: I am a bit cold. Is the weather changing for the better or changing for the worse?

（我感觉有点冷。天气是朝着好的方面发展还是朝着不好的方面发展？）

T: I'd like to ask one of you to tell me about the weather. Who'd like to help me?

（我想让一个学生告诉我。有谁愿意呢？）

我边说，边看着靠窗那一排的学生，眼神中流露出一丝期盼。"I'd like to（我愿意）"，一个学生举手了。只见，这个男生走向窗户，推开窗子，向外看了一眼，然后对着全班同学响亮地说："The weather is not changing for the worse; it is changing for the better." 于是，我也大声地对他说："Thank you, boy!"

顿时，课堂气氛活跃起来了。同学们为这个学生的表现而鼓掌，连听课的老师也不由得鼓起掌来。

创设情景教单词，是学生较喜爱的一种方法。情景虽然是模拟的，但至少也像置身于真正的交际场景中。日常熟悉的场景都可以使学生真正积极地参与其中，也使他们更容易、更牢固地掌握新单词。同时，还能激发学生学习英语的积极性，使学生多听、多说、多练，也使得枯燥乏味的英语词汇教学变得生动有趣得多。因此，教师需要有应变能力，为了有效教学，适时适地去创设所需的情景。

教学过程中，教师或多或少都会遇到不愿意回答问题的学生。这一节课我也不例外。

在学习和使用 concern 这个单词的时候，我先是板书了书本上的原句：New York has its own problems and London has also its own concerns. 然后，我提出一个问题：What does the word "concerns" refer to?（单词 concerns 在句中是什么意思？）这个问题不难回答，从上半句的 problems（问题）就可知道 concerns 就是 problems。我原想这个问题不难回答，于是就点了最后一排的一个女生，希望她能既快又准确地回答。没想到这个女生的回答是：No, I don't know.

此时，坐在教室里听课的几十个老师把目光都聚焦在她那里。就这样让她就座吗？就这样告诉她答案吗？当然不是。

于是，我从讲台前向她走去，边走边说："Really? Are you sure

you can not answer me?"（真的吗？你肯定不会回答我的问题吗？）我又重复了之前书本上的那句话以及我的问题,并试着给予她启发和引导。还没等我走到她跟前,她回答说:"problems。"她的答案是正确的,同学们给予她鼓励的掌声。这个女生没想到的是,也许所有听课的老师也都没想到的是,我没有回到讲台,而是径直走到她跟前,微笑着对她说:"You told me you didn't know just now. In fact you do know. So never say you don't know. Ok?"（刚才你说你不知道,而事实上你是知道的。所以,以后再也别说你不知道,好吗？）

　　课堂上学生回答问题不积极,老师不要着急,可以循序渐进慢慢引导。学生不举手,老师可以从容点将;问题大了难下手,就分解为几个小问题;问题难了答不出,就化解为几个简单的;一个学生答不完整,就多请几位同学共同完成;课堂提问,学生答不出或答不准,就给予适当引导。答得好要给予肯定与表扬,答不好的也要给予安慰和鼓励。总之,对于上课发言的学生,老师要多给予正面的提示和评价,以充分保护学生的自尊心和积极性。平时上课是这样,借班上课同样如此。教师由知识的传授者变为学生学习的促进者,这是教师最明显、最直接、最富有时代性的角色特征。

　　课后,我进行了反思。虽说借班上课,借来了学生,借不来师生之间的默契和友谊,因此,只有课前充分预设学生的难点,多从学生的视角考虑问题,在课上碰到"预设外"状况时才能随机应变、灵活处理,充分体现"因材施教"的理念。现在回想起来,这堂课也许并不完美,但是真实有效,帮助学生实现了从"不会"到"会",从"不想说"到"想说"的转变,让他们真正在课堂上有所收获。而且,课后的反思也让我对借班上课有了更深层次的思考。

六、结束语

　　春蚕到死丝方尽,蜡炬成灰泪始干。

　　职业生涯最后的十年,我又踏上了一个新的平台去接受新的挑战——教研员。我依然保持一颗平常心,同年轻人一起工作、一起探讨、一起研究。看着青年教师在成长,看着中青年教师正在努力突破瓶颈走出高原期，我似乎看到了千帆竞发、百舸争流的曼妙画卷。年轻人是教育的未来，是国家的希望。与教育为伴，与教师为伴，与学生为伴，没有比这更让人感到幸福和快乐的事了。

我渴望桃李满天下的硕果累累，又不忘教育教学岗位上的兢兢业业。教师的影响力是永恒的，我们永远都不知道这影响力会止步何处，所以，我依然会为之而努力，不负此生为英语教育而生。有生之年，执著之年。

陆跃勤老师简介

陆跃勤,1985 年毕业于上海师范大学,获学士学位;2012 年毕业于华东师范大学,获教育硕士学位。1985 年起就职于青浦高级中学,在高中英语教学一线执教 30 年。2009 年被评为上海市英语特级教师。2015 年 9 月起任青浦区教师进修学院教研室主任。现为上海市何亚男英语名师基地专家组成员、全国中小学教材审查专家库学科审查专家、上海市教师学研究会英语教师专业委员会会员、青浦区拔尖人才、学科带头人、高中英语兼职教研员。参加过首届国家级和市级英语骨干教师培训,两次赴英国进修。曾获市中青年英语教师朗诵演讲比赛一等奖、青浦区十大青年标兵、新长征突击手、外语学会第二届全国中小学优秀外语教师等荣誉称号。在全国"聚焦课堂"活动中获优质课一等奖。多次执教全国、市、区级公开课。形成"精于设计、善于应变、勇于创新"的教学风格。承担过市级课题 4 项,参与编写论著 6 本,多篇文章发表于市区级刊物。

踊 跃 争 先 ,业 精 于 勤

陆跃勤

　　我出生在上海青浦区的一个小镇上,6岁上镇中心小学读书,是班里年纪比较小的。一直到小学四年级才开设英语课,记得第一课就是一句话:Long Live Chairman Mao,还有"工农兵"等具有浓厚时代色彩的口号式语言。由于没有教音标,上课的时候就跟着老师在单词后面写中文的发音,在昏暗的教室里一遍遍跟读,心里暗暗为我标注的发音提示词感到好笑。超过5个以上字母组成的英语单词要记住就很难。记得有一次放学了做值日生,我一边扫地,一边反复念叨"p-i-c-t-u-r-e"(当天教的一个长单词),等做完值日生,突然发现这个词我已经记得滚瓜烂熟了,(至今这个词的拼写提取我还是使用了当年的反复念叨留下的记忆)以后我就开始用大量反复念叨的方法来记单词,当然效率还是不高的,但是至少摸索出了自己的方法。

　　上了初中以后因为家离学校近,放学了有时主动留下来帮英语老师批默写本,拿着红笔打钩和打叉的感觉太好了,而且一遍一遍地看正确答案核对批改,无形中增加了这些单词的复现率,加深自己的记忆。初三的时候学校从8个班级学生中通过考试挑选出一个班的资优生,集中一批优秀老师执教,英语老师教我们根据发音把一个单词划分成几个部分,如en-joy,win-dow,根据音节来记单词的方法大大提高了背单词的效率,这个阶段我的英语也渐渐地成为仅次于语文的科目。初中升高中时,我顺利地考入了青浦县中学(当时已经是青浦县的重点高中)。短短的两年高中学习生涯中,英语成为我最喜欢的科目,因为我遇到的两位英语老师都是业务高明、人格贤明、严而有方的人。陈涤老师——毕业于市三女中,对专业学习孜孜不倦,在我高二英语学习的过程中,对我的影响与帮助极大。当时英语课本内容仍然具有浓重的时代色彩,少有西方文化风俗等介绍,陈老师却能在课外读物几乎找不到的情况下,给我们文科班的学生提供一些介绍英语文化的补充读物在课堂上讲解,提升了语言输入量,也扩大了我们的视野。她强调背诵,模仿磁带发音,每天提着我们称之为"饭盒"的三洋牌单喇叭录音机进课堂,从不看文本听录音了解概要开始,到看着文本跟读,到脱离文本背诵,一步一步引导正确的学习语言的习惯和方法。1981年我参加高考,因为报考外语类院校需要去上外参加口试,全区一共只有14位考生,我所在的班级有9位学生,学校还给我们9位学生进行了3次模拟口试,一方面为了减少临场的紧张情绪,一方面也为了熟悉考试流程。高中时代必要的扩大阅读量,培养语感与应试技巧的点拨,让我的英语学习更上一层楼,最后考上了上海师范学院(现上海师范大学)外语系。

渐入佳境悟门道

上师大81级2班20位同学只有3位来自郊县,自己的听说能力、词汇量、知识面都处于末位,学习的压力与难度倍增,因此自己还是从擅长的地方入手增加自己的信心与课堂存在感。每天课余在教室里捣鼓那台可以手动盘拨的录音机,反复听音模仿,早上半小时朗读背诵《新概念英语》课文,上课时积极举手发言,一个学期下来逐渐被老师关注、被同学所推崇(因为时间有限,一般在2到3个学生背诵之后老师就不再抽查,可以挽救其他没有准备的同学)。由此树立的自信也激发了我在精读课之外的相关科目上的兴趣与动力,慢慢适应并较快成为班里中上水平的学生。大学三、四年级我都获得了系里的奖学金并被遴选为外教班学生,每周可以有半天时间听外教上课。唐振邦教授是我毕业论文的指导老师,也是我大学期间所崇敬的老师之一,他博学多才,和蔼可亲,以宽容的心和温暖的情打动我,虽然课余接触不多,但是从他身上我学到了宽以待生、严以治学的精神。当时我选择翻译一篇原版的小说节选，唐老师指导论文修改时的耐心和指导中英文措词时的文字功底给我留下了十分深刻的印象。

大学四年级开学初执教"英语教学法"的陈克储老师在课上说我们不久要去位于福佑路上的上海十六中学实习。但是他们的一位英语老师因不慎扭伤了脚不能上班，需要遴选 2 位学生提前 2 周去该校承担教学任务。当即他指定了一个教学内容，让我们各自设计并当堂扮演教师角色来执教。记得那次我在短短的 5 分钟试教时一下子回忆起小时候最爱玩的游戏：就是把邻居的小孩召集到家里来用厨房的门当黑板，自己做老师，中学时最喜欢到老师办公室去帮忙的场景，沉浸到教师的角色中，有板有眼地讲解、板书、提问、总结……最后同学们投票一致推选我承担这个教学任务。每天下午我换乘公交车去学校上课改作业，比我的同学提前体验了做老师的滋味。在实习阶段，不得不提到十六中当时的教研组长张毓滇老师，第一节课的教案交到他手里，第二天拿到修改了 16 处的错误，大到表达错误，小到标点符号，让我汗颜的同时，也埋下了日后自己严谨治学的种子。

初为人师勤实践

1985 年秋我从师大毕业，被分配到高中母校青浦县中学做英语教师。昔日的老师成为了同事，熟悉的环境和友好的氛围，让我很快融入集体。新学期一开始我就被安排接手 2 个高二的教学班任务。面对不熟悉高一教材、不熟悉学生的情况，我得到了母校老师的倾心帮助和指导，又由于我年轻性格活泼，颇受学生喜爱。但是在新手教师的那些日子里总是会碰到一些困惑，比如跟着老教师一起备好的课常常听她抱怨来不及上而我往往没到下课就上完了，多出来的时间就只能让学生提前做作业或者反复读课文。课余就找几个走得近的学生聊天，让他们给我的课堂提意见，其中有一个男生说"老师，你上课其他都好，就是太不啰唆了！"，这句话猛然把我点醒了，原来我课堂时间多出来是缺乏必要的反复，对重难点的突出不够，课堂节奏过快。从那以后，我上课前在教案上用红笔把重点、易错点划出来，提醒自己此处需要放慢节奏，多给学生操练的机会，多核实尽量确保最大多数的学生听懂了才继续往下一环节走。从这个事例中我深切地领悟到了教学相长的道理：一个教师的专业成长一定是与她的学生们的成长密不可分的，正确处理学生给予的中肯的意见与建议能改善师生关系，更重要的是给予自己反思与受启发的机会。

刚入职时有一次校长、教研组长、区教研员来听随堂课，我顿时紧张起来，话也不利索了，声音也有点哆嗦了。最要命的是在板书"business"这个词的时候脑子一片空白，写了 bus 就不知道怎么拼后面的部分了。这个时候，我突然灵机一动索性把 bus 擦掉，回头对学生说，这个单词拼写是比较容易错的，老师想让大家再一起回忆一下，Let's spell the word business together, shall we？学生们果然就齐声把它拼对了，帮我摆脱了困窘。课后记得其中一位参与观课的老教师对我说"小姑娘脑子蛮活络，以后能做个优秀老师"。其实这个方法是我平时观察到的"套路"，有经验的教师善于调动学生积极性与课堂参与度，被我临时拿来救场倒也不显得突兀。老师在课堂里能随机应变是一种宝贵的智慧。这些智慧来自于与生俱来的个性、来自于平时学习积累、来自于观察别人课堂时汲取的养分并储存到自己的"tool kit"中以便不时之需。

站稳讲台塑风格

我的教育理念：只有建立在理解、宽容、援助的基础上，学生才能乐于学习，逐步养成自信、自律、自主学习的习惯，为后续发展奠定基础。在课堂上我崇尚用幽默化解难堪，用宽容传递民主，用鼓励点燃信心。我在教学实践中善于创造性地使用教材，注重学生知识背景的激活，充分发掘教材的内涵，为学生自主活动创造自由民主的气氛与宽松的教学环境，把课前设计与课堂即时生成巧妙地融为一体。努力做到在交际中传授知识，在互动中促进提高，在预设中吸纳生成，在研究中提高效益。

众所周知，语言是交际的工具、思维的方式、文化的载体。这种工具的运用过程是培养学生沟通交际能力的重要途径，但学习英语的意义又不止于掌握一门语言工具。英语课程不仅承担培养学生基本英语素养，还承担着发展学生思维能力和培养人文精神的任务。从教以来担任班主任的年限仅 2 年，但是我认为学科教师同样承担着育人的责任。在英语教学中，学科育德是水乳交融的渗透，而不是牵强附会的硬凑，是润物细无声的春雨，而不是形式主义的口号，是结合教材的启发引导而不是空洞的拔高说教。

长期以来，一线的教师普遍认为只要自己埋头苦干，把任教班级学生的英语成绩提高上去就万事大吉了；对于理论学习，一方面苦于没有时间，一方面也觉得理论高深抽象，对自己的教学实践指导意义不大，或者说看不到即时的效果，因此往往不愿意学习理论。回顾自己的成长历程，曾一路走过了教师生涯的青涩期、胜任期、成熟期。最初，我也把眼光停留在注重传授知识、技能和过程方法上，把提高学生学习成绩看作实现自己教学思想的主要目标。经历课改的洗礼、各类高端教师培训项目的激荡、高层次学历进修、自己不断地实践与反思，我的教学理念逐步改善丰满起来。从 90 年代中期的市青年教师课题立项起，我逐步踏上了研究探索的教研之路。

我认为，作为一名教师，在专业发展的道路上，理论与实践就如人的两条腿，缺一不可，失衡不可。光有实践经验走不远，光有理论知识走不稳，只有两者协同发展才能走得又远又稳。从 1998 年到 2012 年，我陆续参加了上海市首届骨干教师培训班、教育部跨世纪园丁工程国家级培训、上海市名师基地培训班学习，两次参加市教委教师培训项目赴英国学习，还在 2009 年考上了华师大教育硕士，这些进修培训与学历提升，让我不断丰富自己的专业理论知识。与此同时，我把理论书籍上看到的有共鸣的操作要点用到自己的课堂实践中去尝试，赋予它新的定义，有时我会回顾自己的实践从中提炼出可以供同行尝试的经验，如"逆向教学设计在高中英语教学课堂实践中的探索"课题就是总结提炼自己经验的基础上形成的；"高三主题式词汇复习策略"也是从实践中来，加以完善后再实践再丰富的由一个课例总结出的一种复习模式。教学与科研结合起来可以使教师摆脱"苦干蛮干"的困境，真正用科学技术来提高教学效率，腾出更多的时间来反思自己的行为,开展有价值的研究。我忙碌,但是我心不累。我利用不多的余暇来审视自己的实践,从中找到闪光点、困惑点。聚焦它们,让它们成为我下一个研究的对象。

课程标准是教材编写的依据,教材内容的选择应符合课程标准的要求,这句话虽然无懈可击,现实中,我还是不会百分之百地受课程标准的约束。虽然课程标准从一定程度上说是教师的圣经,但是往往作为纲领性的课程标准语言很抽象,很笼统,一句话背后有很多的隐含意思,让人产生雾里看花的印象。或者凭经验来解读然后决定自己教学的深浅程度。因此在实践中,我会依据课标但不会止步于此,我会对照课标与教材内容,根据学情作细处调整,虽然这听起来有些大胆不合规,但是我就是这样走过来的。标准的理解会因人而异,教材内容是相对固定的,而学生的基础和现状是千变万化的,所以在依据课标的前提下,我经常对教材内容作适度的删减拓展,尤其是拓展补充一些新鲜的语料、热点话题等让教学内容更具有时代性,丰富教材的内涵。

高中阶段的学习任务是整个中学阶段最繁重的,意志力薄弱、学法不当、课业负担和思想压力增大等因素都会让学生在学习上出现畏难、厌学的情绪。作为教师就是要对学生学习方法和习惯进行指导、对学生的学习困难进行点拨,对学生的不良情绪进行疏导,使学生在紧张的学习环境中最大程度地克服负面因素,使他们对你所教的学科愿学、乐学、善学进而向学好的方向努力。

这些年来的教学实践使我深深地感到:建立和谐的教与愉快的学的师生关系是实施乐学教育和提高教育质量的首要前提。诚然,建立和谐融洽,教学相长的师生关系是教师与学生的双进活动,但很大程度上又取决于教师的情感和教学方法。

第一,了解学生。因为没有对学生的思想、心理和行为的观察与了解,我们的教学就缺乏针对性。不了解学生的学情,何以指导学生的学习?乐学也就只能是缘木求鱼。教师必须做学生的知心朋友,深入了解每个学生的学习情况,了解他们的学习水平,分别对他们提出不同的要求,对每个学生都要有相应的标准,让他们跳一跳,够一够,达到在原有的起点,切合自己的实际来有所提高。因此,我在接新班级的时候，一般在第三周让学生对于我的教学节奏、语速、密度和作业量等作一个反馈，以便及时调整更好地适应新的学生，尤其是从高三回到高一的时候，往往会把学生的程度估计过高，所以学生给我的意见和建议起到了很好的调控作用。到期中时让他们给我写自己在英语学习上的收获和困难，我可以根据学生的不同困难，做出有针对的辅导，了解哪些学生基础知识薄弱，哪些学生可能上课内容吃不饱。期末放假前，自己先到书店去浏览各种学习辅导书，挑出一些质量高，有侧重的，给不同的学生以不同的自主学习辅导书目，开学时让学生把自己在假期里研学过的书交给我看，一方面了解他们是否真正落实了自主作业，一方面也可以发现一些我没看到过的好书，帮我积累这方面的信息。

第二，尊重学生。尊重是教育的前提。教师要既做先生，又做学生，只要尊重学生，才能取得学生对老师的信赖，此时教育教学才有可能走向自由。例如当学生回答我提出的问题时有困难时，我习惯用追问的方式，或者换一个提问的方式，把一个特殊疑问句 What is a practical joke? 转化成一个选择疑问句 Is it something done or something said to make people laugh? 一方面给学生以启发，一方面巧妙地降低问题的难度，给学生回答正确创造条件，让学生获得成功的喜悦，体会出掌握知识后的快乐，而不是面无表情地让他坐下转向另一个好学生；再比如，在课堂用语上，我会用：Have I made myself clear? 来替代"Do you understand?"用"May I suggest you review the notes before you do the translation?"来替代 "You had better review the notes/ you must review the notes before you do the translation?"这些措词上细微的变化能给人意想不到的效果。

第三，热爱学生。我们都知道，野蛮产生野蛮，仁爱产生仁爱，这是教育的真理。热爱是教育的保证，教师热爱学生与学生热爱教师互为条件。没有教师的挚爱，也就不可能有学生的乐学，因为教师在教学活动中是思想、情感、知识的综合载体。我对学生的爱是体现在一些看来是很琐碎的事情上的，我常常利用课前和课后的几分钟时间把天气即将突变、最近多发病的信息、交通事故引发的行路安全问题及各种与学生学习、生活、健康等有关的资讯用英语告诉他们，让他们知道老师关心的不仅是学业的进步,更是把他们当做自己的子女一样去关心,爱护他们的一切,与此同时也能锻炼他们的英语听力,可谓一举多得。

我的课堂是民主的课堂,活力的课堂,时常爆发出笑声的课堂。一节课40分钟一直快节奏、高容量是很累人的,所以我注意把握课堂推进的节奏,每10—15分钟让学生有一次轻松的出声笑一下的机会,让那些皱着的眉头打开,让那些下垂的嘴角上扬,让沉默的学生出声,让寂寞的黑板出彩,这些都是我追求的课堂特征。建立起情感上沟通的畅通渠道,关注改善自己的教学方法使和谐师生关系进一步为教学服务。我比较注重创设民主、鲜活的课堂教学氛围;关注生成,优化知识结构;减轻学生的负担,发展个性特长。我相信一个教师能做好这三点,学生一定会爱戴他,形成良性循环,达到教学相长的效果。

我从90年代初开始走上专业发展的历练轨道。其中1995年起担任英语教研组长,一路走来经历了很多第一次:

第一次用英语给区英语骨干教师做讲座:1992年;

第一次市级公开课:1993年;

第一次市级教材培训辅导:1994年;

第一次市级课题:1996年;

第一次尝试写专著《高中英语新教材课堂教学设计》(1—4册):1997年;

第一次参加上海市中青年教师英语朗诵演讲比赛:1998年;

第一次等级考试命题:2000年;

第一次在电视台讲课:2002年;

第一次拍摄课堂实录:2005年;

第一次到外省市尝试"同课异构"教学研讨:2006年;

第一次参加英语高考命题:2009年;

第一次主持工作室:2010年。

我的总结:第一次需要勇气,需要付出,但是收获更大。历练积累经验,经验沉淀成为专业的基石、自信的源泉、成功的脚印。

我的专业发展感悟

我成为特级教师的因素很多，其中之一是我的个性特点中"积极、机敏、乐观、亲和、幽默"的特质给我的专业发展提供了不竭的动力，让我能不断发现工作的乐趣，在探求中寻找出路，在思索时火花迸射，在受挫时摆脱阴影，在困窘时化解尴尬。其次是积极争取参加各级各类业务进修，把握教改前沿动态，不断提高专业水平是我的另外一个动力。1998 年和 2006 年两次去英国进修的经历如"及时雨"给我的职业生涯发展提供了不可或缺的养分。1998 年在 Lancaster 大学接受的是 Language Development Course，三个月的浸润式培训，让我的语言能力特别是口语、听力方面有了长足的进步，为日后的专业发展奠定了基础；2006 年的 Trainers' Training Course 带给我的是日后开展教师培训和带领管理团队的知识与技能，两次培训从个人业务提升到如何开展培训都让我受益匪浅。没有这两段经历，我不会有目前的工作状态和成果。第三积极参与教学改革试点，面对瓶颈问题以"总想变、总在变"的姿态身先垂范，以个人带动团队，形成合力共同投身改革跟上时代的步伐是又一个动力。"变"是一种完善。康德说：使每一个人都得到他所能达到的充分完善，这是教育的目的。我从教以来经历了一期、二期课改，使用过三套不同风格的教科书。每次改革"变"的是课程标准、教材体例、课堂模式、教师的教学理念与方式。不变的是宗旨——更有利于学生的学与教师的教；不变的是突破口——改善课堂教学行为，不变的是目标——课改与教学质量同步。在实践中我体会到了研究带来的回报。一个教师光埋头教书，不关注身边教育形势的发展与自身教学中的困惑，就会在专业道路上停滞不前，最后被淘汰出局。

最后一点也很重要：做人做事都要不功利才好。一个功利的人必定会趋利避害。一个功利的人，往往会着眼"目标"，忽视了过程、规则，甚至侵犯别人的权益。要少点功利，多点真诚，要尊重每一个人，才能博得别人的尊重。在失意时要能平心，在得意时更要静气。

　　教师职业始于辛劳，归于平淡。只要心中有理想，热爱自己的工作，就能辛劳不"心苦"，最后可能达到平淡不平凡的境界。

吴彩霞老师简介

吴彩霞,1987 年毕业于上海师范大外语系,1996 年被破格评为中学高级教师,1999 年获上海市英语特级教师称号,2003 年获华东师范大学教育硕士学位。曾赴英国、美国、中国香港进修学习。曾获上海市教学评优一等奖、上海市教研员教研工作评选一等奖、中国科协青少年科技创新人才培养展示课一等奖。曾参与上海市高中牛津英语教材、教参的改编工作,撰写并发表了有关英语听力、阅读、写作等方面的论著。曾为上海市英语名师基地副主持、主持及上海师范大学、华东师范大学特聘教授。现为上海市奉贤中学英语教研组长。

路漫漫其修远兮,吾将上下而求索

(一) 感受名师风范,立志从事教育事业

尽管在念高中时,后来成为著名语文特级教师的张大文老师只教了我一年,但是他和他的课给我留下了极为深刻的印象,以致我决心也要当一名教师。

从 1981 至 1982 年,我在奉贤曙光中学上高二,当时张大文老师是我的语文老师。现在回想起来,张老师上课时目光炯炯、激情高昂、神采飞扬的形象依然那么清晰,仿佛就在昨天。我听张老师上课,每一堂课都不敢懈怠。张老师讲课时抑扬顿挫、有声有色,他忽而低头沉思,一言不发,忽而昂首挺胸,慷慨陈词,忽而在黑板上奋笔疾书。张老师讲解和分析课文总有独到之处,十分耐人寻味,我被他的魅力深深折服,并暗下决心:将来也要当一名像张老师一样的老师。

1983 年 7 月,我如愿以偿考取了上海师范大学。张大文老师高尚的师德和渊博的知识,始终对我产生着潜移默化的感染作用和示范作用,如三月春雨,润物无声。

(二) 潜心钻研教材,把握课堂教学根本

1987 年 9 月,我被分配到上海市奉贤中学任教英语。当时,虽然

没有明文规定的师徒带教，但我经常主动去听和我同一备课组的资深老教师厉老师的课。几堂课听下来，我发现她的授课方法总是一堂课不同于另一堂课，每一次都有一点新意、有一点惊喜，令我好奇，令我思考。厉老师告诉我，台上一分钟，台下十年功，青年教师首先要潜心钻研教材，这是当一名合格的教师首先要做的事。

于是，在任教的头三年，我便两耳不闻窗外事，一心苦读教科书，无论是白天工作时间，还是晚上业余时间，我都在学校办公楼里认真研读。当然这里的教科书泛指教材、教学参考书、练习册等。当时我不仅研读所任教年级的教科书等，还把整个高中阶段的英语教科书都借来提前通读了一遍。碰到问题除了请教他人，还经常查阅字典、语法书等。同时，英文报纸、杂志等也属于我研读的教材。

得益于对教材正确的把握和理解，我慢慢地在课堂教学上老练和灵活起来，有时还自我感觉有点得心应手，以至于在以后厉老师病假的一段时期内，我竟然独当一面，一个人担任一个年级的英语教学，那时我刚从教第二年。接着，我连续担任了两届高三毕业班的英语教师。

（三） 观摩示范教学，领悟课堂教学真谛

虽然交通不是很方便，但是区教研员吴兆熊老师经常会为我们创造机会，去市区和其他郊县观摩优秀教师的课。对此，我和组内的全体老师非常兴奋和珍视。常常是这个星期去市西中学观摩听说课，下个星期去向明中学听写作课，我乐此不疲，从中受益匪浅。其中，令我印象最深的，还数时任市三女中教研组长的何亚男老师的报刊阅读课。我感觉何老师上课并不很刻意追求教学设计上的形式，而是非常质朴、自然、清新，其课堂教学的风采和个人的专业素养令我们大家由衷地感叹、敬仰、折服。

我想，青年教师要成功地开展课堂教学，首先要正确认识什么是有效的、优秀的课堂教学，而观摩课堂教学是教师领悟课堂教学真谛的重要途径。

（四） 致力公开教学，历练课堂教学本领

课堂教学是师生双边参与的、动态变化的教学过程。在这一过程中，有效实施教学计划、驾驭课堂教学全过程是教师专业发展的重要体现。如果说，观摩课堂教学使自己对于课堂教学的真谛有了感性的认识，那么，开展课堂教学实践则是培养课堂教学实际能力的必然途径。这就好比下水学游泳，惟有实践才能出真知。

在我的记忆中，我有幸经历过多次不同层面、不同区域的公开课教学，近的如本校、本区、本市，远的如甘肃、新疆、浙江、广东等，而每一次的公开课教学让我既紧张又兴奋，其中有辛苦的付出，更有收获的喜悦。有些课，虽然时隔已久，但是经过自己用心的设计和实践磨炼之后，经过专家、同行的指点之后，至今回想起来，仍然记忆犹新，我似乎在专业成长的道路上又向前跨进了一步，这对我教学上的专业化发展无疑大有裨益。1995 年，我获上海市中青年教师教学评优一等奖；2002 年，获上海市教研员教研工作评选一等奖；2006 年，获中国科协青少年科技创新人才培养展示课一等奖。这些成绩的取得与我之前的公开课教学实践是密不可分的。

（五） 参加进修学习，更新教育教学理念

1990 年 7 月，我送走了第一届高三毕业生。刚完成毕业班艰巨的教学任务，终于迎来了暑假，我早有打算去北京探亲度假，也借此好好休整一下。可这时我听说暑期有封闭式的外语教师培训，以自主报名为主。是留下来参加培训还是北行探亲度假？我难以决断。如果参加培训，那么原来的计划就要打乱，还要牵扯退票等一系列麻烦事；如果按计划去度假，固然是对压力的很好释放，但是由外籍教师培训的机会也是难得的。我左右为难。考虑再三后，我还是选择参加培训。虽然酷暑难耐，培训条件也比较艰苦，又牺牲了假期，但是培训进修学习使我有机会了解本学科的新动态和前沿信息，国外先进的教育教学理论以及实践成果，有助于我开阔视野、更新知识，提高理论素养，增强学术敏锐感和研究能力。这是我当教师以来的首次培训，尝到了甜头，后来第二次、第三次……各种培训机会我都

没有放弃,尽管其中需要个人承担一定支出,克服不少困难。

诚然,正确的意识是行动的先导。教师的教育教学理念和理论水平直接影响着教师的教育行为和教育效果。教师只有不断地进修学习,才能真正理解和解决不断发展的教育实践中所出现的各种问题,才能找到理论与实践的结合点,促进专业的发展。

(六) 反思教学实践,提高研究意识和能力

美国著名教育心理学家波斯纳(Posner)提出了一个教师成长的公式:经验+反思＝成长。我从中得到启示:教师专业的发展应该基于鲜活的教育教学实践及其对教育教学实践的反思。因此,我除了注意在平时的课堂教学进行反思之外,还在各种公开教学之后进行及时的反思,注意运用所学的英语教学理论知识,对具体的教学实践加以理性思考,不时提醒自己要既关注教师的教学外显行为,又关注教师内隐的教学思想和观念,及时撰写经验总结并相互交流,注意从更高、更广阔的角度,审视教学的有效性,从而提高认识,改善实践,促进专业发展。

从教头几年,我尝试在校、区内刊物上发表一些教学心得。随着时间的推移和教学经验的积累,我在英语教学实践方面的反思日趋频繁,反思的范畴更加宽广,认识程度不断加深,研究意识和能力也逐步提高,我便尝试向市级、国家级杂志投稿并顺利发表,部分文章还在中国教育学会外语委员会论文评选中获奖。同时,我积极参与编写一些有关英语听、读、写教学方面的教材和牛津英语教材及教参;参加了上海市中学英语学科基本要求的审查,上海市中学生英语等级水平测试的命题以及上海市高考英语口试命题、审题等。我感到这样的一些教学研究过程和经历,可以使自己少一些"匠气",多一些"研究气",而这对于提高教师自身的专业发展是必不可少的。

二、教育教学主张

作为一名教师,教书育人是天职。在外语学科教育中,教师的职责是使学生 learn to know, learn to do, learn to live, learn to be。那

么,教师如何树立以人为本、以学生为主体的教育观念,如何挖掘学生潜能,使学生可持续发展呢?

在英语教学中,师生间的交际是人与人之间的交际,是主体与主体间的活动。在这一整体中,当学生为主体时,客体是被认识的英语;当教师为主体时,如何教英语学习的规律则是客体。因此,教师的教与学生的学是相辅相成的,它贯穿于整个教学过程。充分发挥"师生二主体"作用,优化师生关系,有助于提高教和学的效率。

(一) 尊重学生主体,促进输入和输出

心理学家认为,学生语言能力和语言行为之间有很大差距,换言之,学生的潜能大大高于其实际发挥出来的能力。因此,教师要尊重学生,了解学生的兴趣、愿望和需求,要善于发现学生的闪光点并充分挖掘学生的潜能;教师要以真情、热情、爱心对待学生,把学生看作一个完整的人,一个内心世界丰富而又有独立人格尊严和主体精神的人,而不是被动地接受知识的容器。教师给予学生一句温暖的问候,一个鼓励的眼神,一个亲切的微笑都有可能如春雨一般滋润学生的心田,引导学生健康地成长。作为英语教师,我们要明白语言信息的输入和输出是在情感的协同下进行的,所谓"亲其师,信其道"。尊重学生主体,有利于促进语言信息的输入和输出。

(二) 降低情感过滤,鼓励尝试和体验

学生在运用英语的过程中,免不了要犯一些语音、词汇和语法等方面的错误。针对这一现象,教师要根据教学活动的目的和错误类型,采取相应的解决办法,而不是有错必纠。事实上,也许语言错误本身就是学生语言学习的一部分,是学生学习过程中不可缺少的环节,是学习者的母语与目标语之间的中介语。因此,教师应该想方设法,在学生运用英语时,启发引导学生,使气氛宽松和谐,使学生当时的情感过滤,如焦虑、紧张、烦躁等消极因素降到最低,正确处理语言正确性和流畅性的关系,让学生敢于尝试语言实践,体验学习过程,并逐步走向成功。

（三）注意个体差异，使每位学生进步

教师所面对的学生群体是由不同个体组成的。他们虽然年龄相仿，但是在家庭背景、性格特征、兴趣爱好、学习方法和习惯等方面存在一定的差异。因此，教师要正确对待基础薄弱、学力不强的"学困生"。根据有关教育心理学研究，教师对学生的观点的认可，对课堂成绩有积极的影响，而教师的批评、指责与学生的成绩负相关。由此可见，教师要富有同情心，尤其要关心、同情"学困生"；要多表扬和鼓励，少用批评，切忌讽刺和挖苦；要根据不同学生的个体差异和实际情况，设计不同层次的教学活动，让不同层次的学生发言、回答问题、练习、表演等，鼓励学生参与各种教学实践活动，使他们在原来的基础上都有不同程度的进步。

（四）坚持交际教学，培养交际能力

多年来，传统的英语教学方法和应试教学使学生埋头于茫茫题海；教学中，教师偏重语言知识的传授，忽视语言能力的培养。这样培养出来的"哑巴"和"聋子"型的人才显然不能适应时代和社会发展的需要。《面向21世纪上海市中小学外语学科教育改革行动纲领》（1999）中明确提出了高中毕业生必须"一门外语过关"，"能与外国人进行一般的会话和交流"。另外，交际教学的思想核心就是要让学生使用所学语言进行交际，获取信息。因此，英语教师应该把培养学生运用英语进行交际的能力作为首要任务，这可从以下几个方面来着手。

1. 创设语言情景

在英语教学中，无论是课堂教学的导入、新教学内容的呈现，还是知识的巩固和应用等，都要求坚持创设整体语境，让学生始终在灵活多变又结合实际的整体语言环境下，进行大量的语言实践活动，开展多种形式的教学活动，如猜谜语、讲故事、答记者问、演短剧小品、讨论等方式。运用学过的语言知识，通过大脑积极的思维活动，来培养语言技能和交际能力。这就好比是让学生下水学游泳，让学生在

使用语言的过程中感受语言,理解语言,改变那种通过教师的讲解和学生记、背笔记的途径来学习语言的方式。教师可以利用情景感知在人们认知、理解过程中的特殊作用,促进学生对具体事物和过程的感知和理解,从而形成学中用,用中学,学以致用的良好氛围。

2. 形成信息沟

要真正地引导学生运用英语来表达思想、情感、意见等进行交际活动,教师必须想方设法形成信息沟(information gap),利用学生强烈共鸣或意见不一的争议性话题,激发学生运用英语进行交际的欲望、兴趣和需求。因此,教师在设计问题、开展讨论等教学活动时,要确保内容新鲜及时、有趣和有意义,要开拓学生发散性和创造性思维的空间,注意提问内容、方式、对象和时机。当学生处于"心求通而未得,口欲言而不能"的"愤悱"状态时,发问能引起学生的兴趣和思考。否则,学生不能真正自觉投入交际教学的语言实践活动。

3. 确保优质输入

为了保证交际教学的顺利开展,教师还须给予学生足够的、优质的语言信息输入。英语中有这么几句谚语:"No input, no output. The more input, the more output. Excellent input, excellent output. Garbage in, garbage out."教学中,教师可将语言知识组合成较大的信息组块,将语言结构和功能有机结合起来作为一个整体输入给学生,让学生全面、透彻、完整地去感知语言的形式并理解语言的意义。一方面,教师可尽量采用反映现实社会和适应学生实际的真实性教学材料,如广告、新闻报道、文学报告、信函、通知、产品使用说明书、报刊、杂志等现实生活中存在并有利于学生身心健康的读物。另一方面,教师要注意输入跨文化知识,并尽可能使用真实性语言,包括动作、表情、姿态等,尽可能做到"洋腔洋调"。

三、结束语

回顾自己在教师专业发展道路上的成长轨迹,我要感谢老一辈专家、教研员、老师对我的热切关怀和悉心指导，也非常感谢我的同行、同事对我的支持和帮助。坦率地说，没有他们，也就没有我的今天。我清醒地意识到盛名之下其实难副，我不能辜负党和政府的培养，我不能辜负人民群众的期望，惟有化为不懈的努力和无限的追求，无论是今天还是明天。我不断地勉励自己："路漫漫其修远兮，吾将上下而求索"。

张育青老师简介

1985 年上海师范大学外语系毕业，获学士学位；2002 年华东师范大学硕士研究生毕业，获教育硕士学位。1994-1995 年赴美国进修一年，1998 年和 2006 年分别赴英国进修。1999 年被评为上海市英语"特级教师"。2001 年被教育部师范司认定为首批国家级骨干教师。2001、2002、2005、2009、2015 和 2016 年受聘于上海市教育考试院参加上海市高考英语卷命题或审题工作。2002年至今被上海市教育评估院聘任为上海市中学高级职务任职资格评审委员会外语学科专家组成员。2008 年起被聘为上海师范大学特聘教授、兼职教授和硕士研究生导师。2008 年被聘为上海市普教系统"双名工程"何亚男英语名师培养基地副主持人。2010 年起成立奉贤区"张育青特级教师工作室"。2012 年被聘为上海市普教系统"双名工程"英语名师培养基地二组主持人。

我的教育情怀

张育青

担任了32年一线英语学科教师,8年班主任工作,致力于培养学生可持续发展的能力。所带班级中有上海市"三好学生"、"优秀学生干部"和学生党员;每届学生都在高考中取得优秀成绩,所带学生曾获上海市"高考理科状元"称号;多名学生获上海市"海文杯"、"上外杯"、"科技英语"竞赛一、二、三等奖。

多次在国家级、市级和区级范围内开设讲座、示范课或教学研讨课,并通过市级和区级课题研究、各种带教和培训课程,发挥"名教师"、"特级教师"和基地主持人的辐射作用。有徒弟获"全国教学能手"称号,也有徒弟获上海市"新秀教学比武"和"双语比赛"一等奖。主持《信息技术条件下改善学生学习方式的实践研究》、《高中英语数字化课程开发与实践的实践研究》和《奉贤中学外语组新课程标准下学科发展的实践研究》等3项课题,主编或参与《英语知识大全》、《高中英语阶梯阅读》、《高中英语写作教学设计》和《明于心 敏于行》等英语教学和学习书籍20本,《教法学法并重 知识能力同举》等多篇论文在国家、市和区级刊物上发表。

曾获得奉贤区"名教师""名导师"、"拔尖人才"等称号;获得上海市"特级教师"、"三八红旗手"、首届"师德标兵"、"五一"劳动奖章、"劳动模范"、"新中国60年上海百位杰出女教师"、"教书育人楷模"等荣誉;此外还荣获全国"师德先进个人"、"三八红旗手"、全国

"先进工作者"等荣誉和首届全国"中小学外语教师名师"称号。

一、我的教学观：教法学法并重，知识能力同举——让学生得法于课内，得益于课外。

教育要"面向现代化、面向世界、面向未来"。作为一个 21 世纪的英语教师，要承担双重任务：第一、以自己扎实的语言功底帮助学生掌握英语这一工具，使他们今后能借助它来学习和掌握其他领域的知识和技能；第二、通过英语教学，让学生对学习产生浓厚的兴趣，掌握正确的学习方法，形成良好的学习习惯，在新世纪这个知识快速更新、科技高速发展的时代具有可持续的学习动机与学习方法，具有不断获取新知识和解决现实生活问题的能力。

要完成这两项任务，一个现代外语教师不仅应是一个教学工作者，不断加强自身的语言基本功，以适应不断提高的教学要求；还应是一个教学研究工作者，研究教学理论和学习理论，不断改进教学方法，寻求有效的教学模式，结合自身的特点，形成自己的教学风格。

（一）现代英语教师要在教法上下工夫，注重课堂教学的艺术性。

课堂教学是科学，也是艺术。它有严格的规律性，又有丰富的艺术性。教师要了解学生的心理和认知规律，才能灵活自如地把教材中承载的知识与学生原有的知识链接起来，让学生积极投入课堂教学活动中，理解、运用知识，在学习体验中提高英语学习的兴趣，在学习成功中提升满足感，从而达成教师教学的目标。

1. 课堂教学艺术的关键是激发学生对英语的兴趣。

教育家孔子说："知之者不如好之者，好之者不如乐之者。"要当好一名英语教师，首先要具备扎实的英语语言功底，无论是组织教学还是讲授新课时，都能以正确、流利、优美的英语来吸引学生，让学生感受到英语语言的魅力；抓住导入课文环节，根据课文节奏不断启发学生，设置悬念，引发认知冲突，为学生创造成功机会，激发、引导和培养学生学习英语的兴趣。

现在以上海 S 版高一第二学期第九课 Languages（语言）为例。本课知识性、思想性强，语言点多，难度适中，是掌握知识、学习语言的好材料；课后练习中的阅读理解练习，可进一步为学生提供更多有关课文内容的素材；而且从文章的结构分析，它的写法更能体现英语写作的特点，是对课文很好的补充。但与故事性强的课文相比，本课文在趣味性方面略显逊色。因此，我特别精心设计导入环节，根据 Languages（语言）这一主题，借用汉语的象形文字特点，用简笔画画出学生最熟悉的"山"、"水"、"木"，又由"木"到"林"、"森"，利用汉语发展的奇妙之处，激发学生对 Languages（语言）的兴趣。又从汉语导向其他语言，导入课文的正题，最后导出学习英语的重要性，一气呵成，深深地吸引学生，使他们完全投入到课堂教学活动中。

又如，在听本课录音前，我为学生们先安排了问题，让学生带着这些问题去听课文录音，使他们在听录音时能更集中注意力，有目的地去理解和找出所需要的信息。整个听录音的过程是大脑收集、处理、筛选信息的过程。如果所听到的信息与自己原来猜测的相同，学生就会增强信心；如果还没有找到所需要的信息，学生就会保持强烈的求知欲，继续寻找答案。

2. 课堂教学艺术的重要条件是良好的教学方法。

英语教师还要具备系统的教育教学理论知识，继承前辈的成功经验，学习国内外的教学方法并与教学实际相结合，分析不同的教材，从学生的实际出发，精心设计课堂教学环节。

1）当学生的认知结构同课本知识结构没有连接点时，老师必须在新旧知识间架设桥梁，为学生创设吸收、消化新知识的条件。例如：导入新课时，要介绍背景知识；通过复习旧知识，引出新知识等。我在让学生分析课文 Languages 的补充阅读材料组织结构时，先为学生们提供了该文章的中心意思和每段的段落大意，请学生根据他们对阅读内容的理解做配对，指导学生先从文章的整体上理解阅读材料，然后理解内容细节。如果是能力较高的班级，我就让学生自己说出文章的中心意思和每段的意义。

2）当学生的认知结构的发展与课文知识结构间有连接点时，教师应侧重于启发,提出问题,用形象生动的方式,激活学生的思维。如:根据所阅读的内容,启发学生进行平行式写作等。在阅读和理解了 Languages 的补充阅读材料后,我让学生分析出文章中的主题句、扩展句和结尾句,启发学生用 Cluster 的方式,为短文 "Learning English Well Is Very Important (学好英语很重要)" 构思出写作框架。

3) 当课本知识结构趋于学生认知结构时,教师可采取点拨的方法,让学生在活动中独立思考,应用所学知识。老师在活动过程中起着引导、解答和总结(画龙点睛)的作用。如:让学生运用所学课文的内容和语言,结合他们原有的知识进行讨论。在交流时,老师除了赞同与自己意见一致的观点外,还要鼓励学生有创新意识,发表新颖的看法,开发学生的思维能力和想象力。在 Languages 这一课中,我根据本课的写作任务,设计了题目为 "Learning English Well Is Very Important (学好英语很重要)" 的讨论题。因为是在学完课文之后提出来的,所以学生对这个主题有了更多的感想。我为每组学生(四人一组)提供了一张塑料薄膜,让他们写下理由,然后每组推选一位同学到投影仪前来阐述他们的观点。这样的活动形式很受学生欢迎,在活动中,学生动脑、动手、动口、动耳,发挥自由,印象深刻,语言能力得到很好的培养,并为写短文 "Learning English Well Is Very Important" (学好英语很重要)提供写作内容,打好语言基础 。

3. 课堂教学艺术的目的是要让学生掌握知识,培养语言技能和交际能力。

知识是指人们获得的有关客观世界的信息,如:术语、事实和原理等。技能是指通过练习能够完成一定任务的动作系统,如:阅读、写作、运算等。能力是运用知识和技能以解决问题、完成任务的个性特征。知识是技能、能力形成和发展的前提。建立合理的认知结构,使知识网络化,有利于技能、能力的提高。有了获取、整理和运用知识的技能和能力,就可促进创造性地学习和工作,从而掌握更新的知识。

技能和能力源于知识而又高于知识。知识不会自然而然地,自动、迅速地转化为技能和能力。只有通过较长的、有效的练习和实践,才能使静态的知识转化为动态的技能和能力。外语作为一门技能性课程,教学的迫切任务是在使学生获得语言知识的基础上更重视发展他们的语言能力,因此,培养学生的听说读写技能,提高他们的交际能力,是我们主要的教学目标。但是,要从传统的以掌握知识为中心转向现代的以培养能力为中心,不是不重视基础知识的学习,而是要在科学地、合理地学习知识的基础上,通过有效的实践,使学生迅速地培养起能力。为了实现这一目标,我在教学中结合我国学生的特点,还是主要运用了任务型教学法:

在备 Languages 这课时,我首先设计了与本教材平行的,并能激发学生交际欲的任务,即写作任务"Learning English Well Is Very Important",然后用任务分析法分析出让学生完成这任务而应先解决的理解课文内容和掌握语言知识方面的问题,并为解决这些问题设计了由易到难、层次分明的教学环节,来达到完成任务的目的。新授课的前半节课中,我以听的方式向学生输入课文内容,并根据所听内容,让学生进行问答,初步训练学生的听说能力,并通过这些活动,使学生熟悉课文内容,在回答问题中引出课文中的词组和句型,使学生理解并学习使用这些词组和句型,为后面的讨论和写作提供语言材料;在后半节课,我利用课文后的阅读材料,在培养学生阅读能力的同时,帮助学生对文章进行结构分析,让学生初步认识英语短文一般的写作框架,又通过讨论,让学生列出短文提纲,启发学生运用课文和阅读材料中的内容和语言,指导学生写一篇英语小短文。

(二) 现代英语教师更要研究学法,让学生在新世纪可持续发展。

"授人以鱼,供一饭之需;授人以渔,则终身受用无穷",身处日新月异的 21 世纪,教师不能光满足于在 40 分钟的课堂中提高效益,最大限度地让学生掌握最多的知识和技能,而是应着眼于学生未来的发展,让他们学会如何学习。因此,教师在研究教法的同时更要研究学法。我们可以借鉴国内外前人的理论体系,例如学习过程的结构、各种学习类型的意义、学习的生理机制、影响学习的各种内部因素等,通过科学的教法,教会学生学习,只有把教法研究和学法研究有机地结合起来,才能使英语教学从以教师为中心转向以学生为中心,从以学生掌握知识为中心转向以培养学生能力为中心,使学生具备可持续发展的意识和能力,迎接新世纪的挑战。

为了让学生在学习的过程中学会学习,我们可以把元认知策略引入外语教学中,改进学生的学习方法,培养他们良好的学习习惯,提高他们的自学能力和效果。

元认知(metacognition)是对认知(cognition)的认知。认知科学的主要任务是描述人的思维机制,揭示人们习得、加工和处理信息的机制。元认知是认知主体对自身心理状态、能力、任务目标、认知策略等方面的认识,以及对自身各种认知活动的计划、监控、评价和调节。它包括元认知知识与元认知体验两部分。

1. 让学生了解并积累元认知策略,培养学生的元认知计划能力。

教师的职责不仅是从学生的认知能力出发,设计教学环节,传授书本知识,培养学生技能,而且还要教学生认识自己的认知规律,获得元认知知识。元认知知识是人们在认知活动中通过经验积累起来的关于认知的陈述性和程序性知识。陈述性知识是关于客观事物及其特征的知识;程序性知识是关于如何做事情的知识。教师不能只让学生跟着学习某个知识点,而应该让学生了解为什么这么学,是利用哪一点认知规律去学习的,让他们突破现有的思维模式去获得新的、有效的学习方法,从老师的直接示范中领悟出学习方法。例如,在上新课前,我通常让学生明确本课的教学要求、教学目标和教学安排,明确要达到这些要求和目标,完成教学安排时,老师和学生需要做哪些工作,才能提高教学效果等。这样,学生可以了解学习每课课文的基本规律,并在上课过程中体验到老师是怎样帮助学生完成这些教学安排,达到教学要求和目标的,从而在学习中学会学习。在上Languages 这课时,我让学生按我的要求进行预习,如熟悉生词的发音和意义,借助词典读懂课文的大意,做简单的课文配套练习,初步掌握知识性的内容,为课内学习作准备。我在课内的主要任务一是检查学生的预习情况,指导他们自学方法;二是有更多的时间通过课堂活动培养学生运用语言的能力。渐渐地,学生在理性的方法中感悟到计划策略的有效性,独立学习能力有明显提高,学习信心大增,学习主动性更强。

2. 训练监控调节能力,加强元认知体验。

元认知体验是人们从事认知活动时产生的认知和情感体验,它在认知任务中起着重要的作用,激发高度、自觉和细心的认知监控极有可能产生元认知体验。例如,不同的学生,完成工作的质量有差异,背诵课文也是如此。有的学生自以为已经背出课文,但实际背诵中还存在很多错误,也背不流利。因此,我在检查学生背诵课文时,注重让学生发现背书中存在的问题和差距,要求他们在以后背书时要高标准、严要求地进行自我监控,培养仔细、踏实的良好学习习惯。又如:在教学生阅读时,我让学生了解自己的阅读是有规律、有层次的。可用粗读和快读的方法了解主体及其情节发展的脉络;通过边阅读边思考的方法,可以识别材料提示的重要信息;用自我提问的方法检验自己的答案是否正确;用多角度分析推理的方法,训练监控调节能力,处理综合性问题。

3. 让学生加强反思,提高自我评价能力,不断改进学习方法,培养自学能力。

反思理论是元认知中计划、评价和调节策略,故元认知也称为"反思认知"。反思可分为活动前反思(reflection-for-action),活动中反思(reflection-in-action)和活动后反思(reflection-on-action),指导学习这些元认知策略时要从三方面入手:考试前,我引导学生制订计划,安排好复习内容,重新检查自己订正过的试题,进一步加深和巩固所学的知识;我要学生在考试中临场发挥时,不慌不忙,分析考题,寻找它们与平时课文和练习中的联系,找出突破口;考试后,我要求学生正确地评价学习情况,总结成功的经验,分析失败的原因,重新调整学习方法。训练反思方法,加强学法指导,能够培养学生的自学能力。

在上 Language 和其他课文时,为了逐渐培养起学生的自学能力、发现问题解决问题的能力、思维能力及语言运用能力,我从课前预习、课堂教学活动设计、课堂反馈和课后延伸着手,来培养学生各方面的能力,达到提高学生素质的目的;在教学过程中,注重让学生在学的同时领悟有效的学法,使学生逐步培养起良好的学习习惯和课外学习能力,得法于课内,得益于课外,在新世纪可持续发展。

总之,现代英语教学不应该是纯语言教学,它应该让学生通过学习,掌握英语这门工具,以达到运用这一工具进行交际、学习和生活的目的;同时培养学生的综合学习能力,提高他们对新知识的渴望,激发学生奋发向上的学习主动性,培养不断接受新知识、迎接新挑战的能力,为我国输送更多、更优秀的人才。

二、爱的进行曲——走在教育事业的路上

我出生在教师世家,耳濡目染,教书上课对我来说并不陌生,而父母好像在我出生时就想让我当教师,还给我取了"育青"这个名字,这也许是老一辈教师希望他们的事业在我身上得到延续,继续实现他们未实现的愿望。饭后茶余,我们家的话题总是教书的、学生的事。父母是我第一轮师傅,是他们把教书的经验和窍门毫无保留地传授给我。

(一) 职初教师的成长

父母的养分是远远不够的。在学校,我得益于英语教研组的前辈们,顾亚男、周则英、厉毓琪、徐又珠和姚汕薇都给了我这位年轻教师无微不至的关心和帮助:怎样确定重点难点,怎样巧妙地设计教学活动,怎样对付调皮的学生。是她们不厌其烦的指导伴我成长。

1. 压担磨炼

对于一个新教师来说,前五年的磨炼是至关重要的。工作刚半年,因为组内师资紧缺,学校就让本来上高二的我跨头兼高一的课,这对刚工作半年的我确实是一种考验。我对高二教材还不熟悉,却又要接触高一的教材,每天备课量很大。虽然会苦一点、累一点,但我觉得这个任务能让我尽快熟悉高中教材,对专业成长无疑是个好机会,因此欣然接受了。事实也是如此,第二年学校就让我担任了班

主任和两个班的英语教学任务,接下去又连续两年担任高三毕业班工作,并兼班主任。因为年纪轻,精力充沛,我把自己全部时间都投放在学生的教育教学上,任教的班级班风正,学习成绩好:88届(1)从高二起直到高考,各学科总成绩和英语成绩始终名列年级第一;89届(3)高三接班时起点低,但是经过一年的努力,总成绩和英语学科成绩突飞猛进,孙玮韵同学摘得上海市高考理科状元的桂冠,班级英语平均成绩从高三接班时的年级第六上升至第三。就这样,我从一个新教师,成长为一名压得起担子、出得出成绩、学校信任、学生喜爱和家长欢迎的成熟教师。

2. 事业激励

我自幼勤奋好学,大学时非常注重自己专业知识的学习和能力的培养,工作不久,就感到上海的英语教育要求不断提高,原来的知识和技能不能满足新的教学需要。虽然自己一直在学习,但渴望得到进一步进修的机会。俗话说:机遇是给有准备的人提供的。94年,国家教委选派教师赴美进修,给上海两个名额,经过专业知识和能力的测试,我在全市40多位被推荐的教师中脱颖而出,幸运入选。当时,这种机会是很少的,我很珍惜。就这样,我舍下4岁的儿子,告别了病重的父亲,来到了一个没有人讲汉语的地方,开始了一年的学习。当时一个月只有六十美元,比美国人小孩的零用钱还少,打电话很贵,也没有 e-mail,所以只能靠写信来解相思之苦。我充分利用这次机会到各种学校听各种类型的课,学习他们教学方法,也为当地学校上中文课、文学课,到大学或俱乐部介绍中国的风土人情、地理、历史和艺术等情况,既在语言上得到锻炼,又在教学方法上得到新的尝试,一时在当地成了一名文化使者,我的情况多次在报纸上出现。功夫不负有心人,回国后,同行评价说我练就了一口美音。

(二) 骨干教师的进步

随着教育的发展,国家教委、市教委都逐步推出各种教师进修的项目。我很幸运,大学毕业,就被分配到奉贤中学这所县重点中学,虽然地处郊区,但历任校长和学校领导尤其注重师资队伍建设,他们支持青年教师参加县级、市级、国家级骨干教师进修，甚至出国进修和研究生学历学习；又利用市内德高望重、具有丰富教育教学经验的专家和老教师资源，制定了合同制、师徒制、导师制和专家引领等带教形式，使青年教师通过不同级别的带教，在师德修养、教育教学理论与实践能力以及教科研能力等各方面有显著进步，并逐渐成熟起来。我就是这样一步一步从普通有潜力的青年教师成长为首批国家级骨干教师。

1. 不断进取

作为首批市级和国家级骨干教师培养对象，其中一个要求就是要完成高一层次的学历。那是 1997 年冬天，我正担任高三毕业班的英语老师兼任班主任，父亲患尿毒症在做血液透析。我平时上班不能照顾他，但作为唯一的女儿，我要常常去看他，安慰他。接到学校的通知，我首先考虑到的是我不能辜负学校的希望，一定要考上。就这样我利用周六去华师大上复习课，晚上住在外语系条件非常差的地下室里，周日回到学校后每天管理学生上晚自修，那时我坐在班级教室里和同学们一起紧张地复习迎考，最后以超过分数线 60 多分的成绩被录取。

在华师大的三年学习时光很快就过去了。写毕业论文时又轮到我教高三，父亲病危，又遇上范国睿导师出国。接替他的导师冯大鸣教授看到这种情况，劝我别太赶了，建议我再推迟一年，但我想下一年还有下一年的事情，我拼也要把这课题论文拿下。就这样，我一边带好我的高三两个班，白天批作业，为学生答疑，晚饭时去医院看父亲，晚上做题目，备课，深夜做课题，写论文到 1、2 点。写好初稿后，后任导师与前任导师思路不一样，冯教授对我说，要么改题目，要么重做课题。我选择了前者，在一个月内赶出了第二稿，又在第二个月内赶出了第三稿、第四稿，最后在五月份顺利地通过了论文答辩，评委老师评价我的研究结果很有参考价值。我感到很有成就感：我又攀登了一个高峰。

2. 收获学习

我生性好学，并善于在学习中找到乐趣。一次偶然的机会，市区

一位英语教学专家发现了我,他建议我帮他一起写英语教学和学习
参考书。在这以前我一直是读书,很崇拜这些写书的大作者们,难道
我也能写书吗?这是一种挑战,也是一个很好的学习机会,于是我下
决心要好好学习。为了写好其中的某个部分,我要看大量有关这一
方面的内容,把知识重新梳理,从不同的角度进行阐述,还要配上恰
当的例子和范文。写书要求很高,要写好,得花很多时间和精力,而
且有时为了赶上出版时间,常常熬夜到1、2点钟。就这样,我白天上
两个班级的英语课,有时还当班主任,家里还有老人和小孩要照顾,
晚上写稿子。在那些年里,我基本上每年参与写1到2本书,还主编
了两本,指导组内老师一起写,大家积极性也很高。回顾那些日子,
收获真的很大。

(三) 特级教师的使命

上海教育对青年教师的进一步重视和培养使我在1999年有机
会被破格评为上海市英语"特级教师",那年我才34岁。我不把获得
这一称号作为教师生涯的终点,而更是把它作为学习、工作的新
起点。

1. 立足课堂

课堂是教师的生命,我积极更新教学理念,不断探索科学的适应
教育新发展的教学方法。近年来,我在课堂教学中作了不同的尝试,
注重"教法学法并重,知识能力同举",力求让学生"得法于课内,得
益于课外",培养学生可持续发展的能力。

我从不同的角度、深度,广度来进行教学研究,探索教学规律,提
高教学效率。06年我代表上海市在中国科协青少年创新人才培养
项目组与集美中学联办的"聚焦课堂"高中教研课活动中获一等奖。

同时,我注重教育教学研究,在国家级、市级和区级刊物上发
表了多篇论文。完成了"高中教师课堂管理观念和管理方式的现
状分析与研究"、"关于教师课堂提问作用的分析与研究"、"任务
型教学课堂教学实践研究"等课题,还组织、管理和指导学校"英语
小班化分层教学实践"课题,该课题成果对学校英语教学改革有重

要的指导作用。2006 年我申报立项了区级课题"高中英语新课标下学科发展的实践研究",该课题为推动奉贤中学英语学科发展和提高教师专业素质起到了积极作用,成果也在市同类高中范围内进行了一定的推广。

2. 共享辐射

几度春秋,二十多年过去了,现在的我渐渐地成为以前的她们。我继承和发扬传帮带的优良传统,把接受的各种培训,无私地通过讲座、示范课、课题或带教,与同行和年轻教师们分享,与大家交流参加各种培训的体会和活动积累的经验。

我最先为奉贤区英语教师介绍了"输入·内容·语言·输出"的任务型课堂教学模式,宣传了"以学生为中心,以活动为中心,以能力为中心"的教学新理念,开了能具体、直观地展示这一教学模式的题为 Languages 的示范课,使很多老师对这一教学模式有了较深的认识。作为"区名导师",我在区内开设了讲座,如"高考试题分析和复习指导"、"怎样选择课题"、"怎样做课题"、"计算机辅助教学在英语学习中的应用"、"怎样教写作"、"怎样设计导读学案"、"怎样教音标"和"教师课堂教学语言的优化"等;作为"特级教师",我还被邀请在市内其他区县作各种讲座,2004 年以来,共作各类讲座二十多次;同时,作为华师大课程研究的成员和上师大特聘教授,为来自全国各地的教师上示范课、作讲座。

随着上海市教育改革的深入和"双名工程"工作的推进,我从"何亚男英语名师基地"第一期毕业;2008 年成为"何亚男英语名师基地"第二期的副主持人,2012 年初,我很荣幸地被上海市教委师资培训处聘任为普教系统"双名工程"英语名师基地主持人。新的任务,新的挑战。近五年来,我虚心向导师何亚男老师和其他前辈学习,力求做好学习者、实践者、研究者、设计者和引领者,研究高端教师培养模式,注重培训实效,突出培训重点,优化培训途径,提升培训影响。

我将上下求索,用自己的生命,为我国教育事业的蓬勃发展做出自己应有的贡献。

三、专家点评（上海市著名英语特级教师陈锡麟先生）

凡听过张育青老师的英语课的老师都不约而同得出结论，那就是："听她上课真是一种享受"。这也许是对张育青老师的教学风格最为恰当的评价。张老师于1985年从上海师范大学外语系毕业，到上海奉贤中学执教英语。由于她热爱学生，热爱教育事业，业务根底扎实，虚心好学，又勇于创新，教学成绩斐然，得到了领导和同行的广泛认可。1994年张育青被公派到美国进修一年；1997年被破格晋升为中学英语高级教师；1999年被破格评为上海市特级教师，成为当时上海市最年轻的英语特级教师。她的教学风格和特色，具体表现主要为下列几个方面。

1. 以"学"定"教"，以学生为本。

张育青老师的教学风格的最大特点是以"学"定"教"，即根据学生的学习特点来确定自己的教学方法。学生是不断发展变化的，她的教法也永远是发展变化的。这是一种动态的教学方法。

以"学"定"教"体现的就是"以学生为本"的思想。在考虑学生特点时，张育青老师的视点是全方位的，从情感、认知、动作技能全面考虑学生的特点。她每堂课都精心设计，从激发学生的兴趣着手，然后导入语言教学。在认知领域中，都强调改变学生的认知结构，对学生的认知结构和知识结构的各种矛盾（如没有连接点、有沟通、两者趋同等情况）能分别给予不同的教学设计，使学生始终处于有效的学习之中。根据外语教学的特点，在动作技能领域中，她更注意学生的语言操作，把培养学生的交际能力放在首位，并使每一位学生都有操作的机会。她的学生观表现为对每一位学生的每一个方面（认知、情感、技能）负责，而她的教学方法也随学生的实际情况而变化，不变的只有一点，那就是教师的示范和指导作用

2. 语言是一个整体，语言教学也必须是整体教学。

"整体教学"也是张育青老师教学的一个最大特点。基于对"语

言是一个整体,语言能力是不可分的"认识,她在教学中强调全方位的整体性教学。字、词、句的含义是由语言的上下文决定的,她在教学中就强调在语篇中教授字、词、句的含义与用法,从而进行"整体语言教学";在实际的语言交际中,听说读写是交杂在一起的,据此,她也进行了"整体技能教学";情景是语言的一个有机组成部分,这一认识形成了她的"整体情景教学";外语教学涉及师生双方,她的"整体关系优化"就体现了外语课堂教学中的这一师生互动原则。她全方位的整体思想使语言教学更贴近语言使用的过程,使教学过程交际化真正得以实现。

3. 培养学生可持续发展的能力

张育青老师"以能力为魄"的教学风格的本质体现为,在"教什么"、"怎么教"方面侧重培养学生的交际能力和可持续发展的学习能力。我国中学外语教学的目的包括:帮助学生掌握语言知识,提高语言运用能力,发展学生的交际能力和养成良好的学习习惯。她认为"教师的职责不仅是从学生的认知能力出发,设计教学环节,传授书本知识,锻炼学生的技能,而且还要教学生认识自己的认知规律,获得元认知知识。"教会学生学习是帮助学生持续发展的最有力手段。她在教学中,始终注意对学生的学习方法和学习策略的指导,并言传身教,使学生掌握不断提高自己语言能力的主动权。

4. 兼容并蓄,为我所用

教育科学的不断发展促进了外语教学的不断改进。张育青对各种先进的教育思想和教学方法永远抱有认真的态度。但在兼容并蓄中外各种教学方法的同时,却不失自己的教学风格:在了解学生中取舍教学方法,在以学生为中心的教学中自然地引导学生朝着能力方向发展。她的教学风格是那么清新自然,但其内涵是不断创新的,从不落伍于时代步伐。

汤青老师简介

1969 年 8 月出生于上海,1991 年 7 月于上海师范大学外语系英语专业毕业后参加教学工作,先后从事六年级到十二年级的英语教学,具有全国统编教材、上海市一期课改教材和上海市二期课改教材的教学实践经验。曾担任上海中学国际部兼职教师,获得 ESL 的教学经历。在 1995 年上海市青年教师教育教学评优活动中荣获中学英语学科一等奖。2004 年 7 月调任上海市教委教研室。现任上海市教委教研室英语学科教研员、高中部主任;国培计划专家库成员。主持编写《上海市高中英语教学基本要求》,独立撰写《中小学英语教师的十五项修炼》;目前正主持学科单元教学指南研究、高中国际课程的规范化实施与管理研究等项目。

青青叹有筠，虚心如待物

汤 青

我是沐浴着党的阳光，在各级领导对教育的关注下成长起来的。

上世纪 70 年代末，乘着改革开放的春风，在小学三年级开始学习英语；

80 年代末，中学毕业，在"科教兴国"战略的引领下，有幸免试直升大学，成为一名光荣的师范生；

90 年代初，踏上教师岗位，在传统教学与一期课改的转型中经历了入职后的磨炼；

90 年代末在上海中学，体验二期课改与国际课程的碰撞；

2004 起在上海市教委教研室，结合教学与研究，深入理解课改，探寻有效教研路径。

一、田野的呼唤

上世纪 70 年代末，我在小学三年级开始了学习英语。整个学生时代，我遇到了最好的老师，他们虽都不是英语专业的全日制毕业生，但他们边学边教。我受益于他们灵活的教学方法和丰富的教学内容。我知道字典的妙处，我体会到大声朗读的兴奋。他们鼓励我去人民公园的英语角，让我获得了讲好英语的动力和成就感。他们克服英语资料不足的困难，用自己开阔的视野和丰富的人生阅历，给我讲述和解读了一个个外国故事。他们凭借着自己的智慧、对英语的热爱、对教育的执著走在教育教学改革的第一线，肩负了上海那一特殊时期的英语教学的使命。至今，我还会常常回忆起那台老式的盘带录音机，那本小小的英语课本，那一只只在课堂上举起的小手，每每想起都十分动情。

我热爱课堂教学，1991 年 7 月毕业于上海师范大学外语系英语专业后，我在一所普通完中开始了入职后的磨炼。当时正逢一期课改新教材的推广使用，我兴奋地承担了学校的课改试点任务。我在一堂堂公开研讨课中熟悉教材，摸索教学方法。我发现了语境创设在英语教学中的魅力，便克服种种困难，在其他学科老师的帮助下在小黑板上画图表，制作教学配套录音、录像和投影片；我发现了英语语料对提高学生表达能力的重要性，便千方百计在不同版本的课外材料中汲取与教材同步的教学内容，及时适当地进行整合；我发现课堂的高效学习是学生掌握语言知识和技能的根本所在，便要求自己在每堂课中都设计新颖的教学活动，牢牢吸引学生的注意力，调动他们的积极性。1995 年，我参加了上海市青年教师教学评优活动。记得当时我按照课文的对话，自拍了图书馆借书的场景录像，还制作了投影片来增加不同的语言场景，供学生操练"询问与应答"这一语言功能，又通过游戏活动检测学生的学习效果，在课堂教学中取得了很好的效果。

1998 年，我到上海中学任教，其时"二期课改"刚开始。新的理念、新的教材激活了我对课堂教学的深层思考。我完成了两轮高中教学，获得了上海市"二期课改"教材的教学实践经验；同时我担任了上海中学国际部兼职教师，获得了 ESL 的教学经历，感受到来自世界各国学生的学习风格。我深深体会到素质教育应该是让课程适应、促进每一位学生的发展。英语学习需要环境建设，学得与习得并举；英语教学需要关注学生用英语思考，获得学习英语和用英语学习的能力。

我在中学担任英语教学工作共 14 年，一直为提高教学质量而不懈努力。我在教学实践中体会到，了解学生和钻研教材是上好英语课的前提；具备深厚的专业知识和良好的教学素养是上好英语课的保证；认真备课和机智应变是上好英语课的要素。在年复一年的教学中,我发现语言知识的教学内容尽管没有太大的改变,但语言文本内容更具文化性、工具性和交际性。在"一期课改"时期,许多视听资料还不完备,我就利用业余时间,自己拍摄录像、制作投影片和录音;到了"二期课改"时,资料越来越丰富,我便开始静下心来,认真选听、选读,挑选适合学生的阅读和视听材料。

备课时,我研究教学内容,避免简单地从知识考点出发而忽略学生对文本内涵的理解,语言欣赏、诵读等方面的培养。我着重处理好能力培养与基础落实的关系,材料选择与目标主线的关系,语言实践与活动创设的关系,语言能力与思想水平的关系;同时我遵循学生认知规律和心理特点,从学生现有的知识基础和认知能力出发,精心设计教学过程。整个教学过程力求激发学生学习语言的兴趣,鼓励学生积极投入创造性活动,从而达到学生自主地接受语言材料,自觉地调整语言合作行为,主动地运用英语完成语言任务、解决实际问题的目的。多年来,学生的语言基础在不断提高,整个社会对英语教学的要求在不断提升,自己教学的理念也在不断地更新。我坚持每节课写出详细教案,用过的教案和课堂练习不再重复使用,敦促自己有新思考、新追求。

在课堂教学中,我确保学生以学习主体的姿态出现在课堂,重视学生在学习过程中的实际反应,让学生通过自己的感知、体验、实践、参与合作等方式,实现我预设的任务目标,从而感受成功,形成积极的学习态度。我努力追求课堂教学语言规范、简明、易懂,适当复现新授的语言内容,让学生顺利完成由感知、理解到模仿、储存和运用的过程。我尽量设计合理的、贴近生活的情景,把教学任务融入到贴近学生真实生活的语言环境中,为学生创设理解语言、训练技能、运用语言的语言学习环境,在适当情况下还在课堂中最大限度地模拟社会生活场景。这种模拟不是指道具的模拟,而主要是活动的模拟,角色的体验,思想的交流,以及外国文化、民族风俗的了解。

新课程孕育的同时,信息时代也对英语教学带来了巨大的影响。我认为人的信息素养是英语学习中不可缺少的一个因素,我充分利用网络这一学生十分青睐的媒体,为学生的思想和知识层次的提高创造良好的条件。2000 年,我与备课组的老师一起商量,布置给学生的寒假作业是让全班同学做一份全英语的课题报告，主题是"中国和世贸"（China and WTO）。学生分为四组，我们要求学生分别从四个方面来完成这一课题：世贸组织的介绍（A Brief Introduction of the WTO）；中国为什么要加入世贸组织（Why Shall We Join the WTO）；中国加入世贸组织的漫长道路（A Long Way to the WTO）；中国加入世贸组织后的展望（Look Ahead：What Will WTO Bring Us）。在完成这项作业的过程中，学生从单一的语言学习，拓展到对时事、经济等多方面的深入思考。在此基础上，我在徐汇区上了一堂公开课，与学生们一起分享英语学习的成就感。

2002年，在唐盛昌校长的信任和同事们的支持下，我主持了上海中学英语学科分层教学。本着"人人成功，个个发展"的目标，我们对分层后的各班分别采用了不同的教学策略，如"低起步、补台阶、拉着走、多鼓励"，"重概念、慢变化、多练习、注激励"，"小综合、大容量、高密度、促能力"。2003年，作为课题组负责人，我主持了上海市青年教师教学研究课题"发展学生的自我意识，让学生的人际智能与自我认识智能协调发展——上海中学双I教育的实践探索研究工作"。这虽然是一项德育课题，但与英语学科的交际性、文化性的学科特征关系密切。双I是"interpersonal"（人际智能）和"intrapersonal"（自我认识智能）两个英文单词的第一个字母。"双I课程"是上海中学资优生培养系列课程之一，它的开设与开展是一个多因素的复杂的教育心理过程，在这一活动系统中，既不孤立地考察教师教的行为，也不孤立分析学生学的行为，教育的有效性体现在两者和谐的人际互动。这样的研究和思考为我进入市教研室后开展工作做好了理论铺垫。

读书与教学工作给予了我最朴素、最真实的课堂经历，教研这片田野呼唤着我用教师能够理解的行为和方式结合教学与研究，深入理解和实践课改理念。

二、播种与耕耘

2004年7月，我调任上海市教委教研室，担任中学英语教研员，从英语学习到英语教学,再到英语教研,我经历了传统的翻译法、"一期课改"的结构——功能法、"二期课改"的集知识性、工具性、交际性和文化性于一体的主题教学法。我沿用了很多传家宝式的经验和方法,我的教学理念也在不断的学习和实践中得到梳理和提升。

14年一线课堂英语教学的背景,使用不同"课改"时期教材、国外教材和大学英语教材的丰富经历,跨文化教学的切身体验,国外英语教学培训的积淀,学校课程管理和课题实施的实践,我逐步形成了有条理、重方法、勤反思的工作风格。不知不觉中,教研员生涯已经过去12个年头,我通过努力学习和实践,逐渐熟悉和掌握了教研工作业务,培养了独立思考和工作的能力,做到了工作中有设想、有创新。

从解读《课程标准》到主持编写《英语学科教学基本要求》,从执笔"改进英语学科改进课堂教学几点意见""关于英语学科辅导、评价的意见"到起草"英语学科两纲教学纲要",从毕业班教学调研,中考、高考试卷评析,到开展中考、高考的研究工作,我始终围绕市教研室的重大工作项目开展自我学习。目前我负责的《学科单元教学指南》编制工作正进入课程改革的又一个关键时期,我深感责任重大,这促使我对学习研究不放松,对专业化发展更重视。我体验到理念和实践是不断彼此促进增值、动态调整的。

当前上海面临课程改革的进一步发展和深化,市教委教研室对教研工作提出了更高的要求,我需要在这新一轮的挑战中分析自身所长与不足,为全市英语教师创设更大的发展空间,让上海的学生获得更多的经历、更好的体验、更强的能力。

1. 聚焦课堂:学生为本,规范教学过程

课堂教学是教学的主阵地,是教学质量的基本保障。1998年上海引进并实验牛津教材,带入了"以学生为本"的教学理念;2004年上海二期课改《课程标准》就教学原则,组织形式、方法和手段,环境与技术提出教学实施建议,我通过在全市范围的解读,以及组织与牛津、新世纪教材配套课例的展示活动,促使一线教师开展教学实践和研究;2004至2007年在积累、提炼实践经验的基础上执笔、解读、修

订《改进中小学英语课堂教学的几点意见》，针对教学中的问题提出指导性建议；2006年市教研室英语组经研究提出外语教师的教学评价标准，并完成全员教师培训，规范了全市中小学英语教师的课堂教学；2007年全市教育工作会议强调备课、上课、作业、评价、辅导五个教学环节，我组织英语教师结合英语学科的教学《评价标准》和《改进意见》，审视课堂教学的基本环节，明确每一环节的价值和功能，形成了课堂教学的全局观，指向以学生为本的教学的落实。我的工作得到了区教研员和一线教师的鼎力支持，获得了以下经验或共识：

（1）理念引领

英语课堂应尊重学生学习基础和发展要求的差异，遵循英语学习的客观规律，强调以学生为主体，既要面向全体学生，又要兼顾学生的个体差异；

英语课堂学习内容应贴近学生生活，富有时代气息，具有文化品位；

英语课堂应为学生提供良好的语言实践环境，提供知识积累和语言实践的过程，帮助学生掌握恰当的交际方式，为学生提高多元文化背景下的交际能力奠定基础。

（2）目标导向

课堂教学目标的科学合理以及达成度由学生的学业质量来检验，我们要求教师备课前要把握教学实情，关注教学基础；设定教学目标，关注教学预期；调整教学目标，关注教学实效；反思教学目标，关注教学长效。同时，通过设计教研工具引导教师开展实证研究，以目标为导向，提高备课、上课、作业设计的规范性与一致性，提高教学设计和实施过程的科学性。

我们也研究了课堂教学目标设计的路径和工具，我们要求教师分析学生原有语言知识和背景知识，以及学生的兴趣倾向等；分析教学内容在整个单元中的地位和作用，同一话题在不同学段或年级的教学内容和要求；分析目标所关注的学生群体，以及目标的可理解性,以保证教学目标的科学性。

(3) 讲究过程

备课是课堂教学的序曲,备课时要反复研读教材,确定课型,对课堂教学的导入、过渡、活动、容量、选材、板书、媒体、点评、作业等要素都有所思考,在教学中要讲究学生的学习过程,保证学生充分的语言运用时间,凸现语言课征。

如：设计与教学目标匹配的课堂学习活动;设计促进课堂学习的课后作业;设计综合语言实践活动,促进学生学以致用。

(4) 话语优质

英语教师的教学语言是教师的基本功,我们尤其对教师的课堂提问提出要求:明确提问意图,关注学习效益;优化提问质量,关注思维发展;统筹提问指标,关注教学节奏;反思提问设计,关注专业发展。

在研究"教师提问"时,我们引导教师分析提问与语言目标,提问与技能目标,提问与引导学习,提问与思维发展,提问与目标推进等关系,加强学生表达,凸显语言课的课堂特征,引导教师建立与学生对话的空间,用师生对话激活学生思维,深化互动理解,理清语言形式、意义和语用的关系,同时,保鲜教师的语言水准。

2. 依托教研：教研相济,助力团队发展

丰富的教研活动是教研品质提升和队伍建设的关键。我注重教研活动的主题引领,及时贯彻教委、教研室的工作重点,并对教研活动进行整体规划。

2005年正逢上海市各区县教研员新老交替之际,我本人也是刚刚担任教研员,为了增强教研员的角色意识,我组织了入职三年新教研员培训。2006年,我分别成立上海市初中、高中英语青年教师教学研究联谊会,邀请这些经区县推荐的骨干教师参加教研员例会等活动,找出我们自己工作的不足。2006年起,每年在上海市师资培训中心协助下,组织了中学英语教研员高级研修班、中学英语优质课

教师高级研修班、毕业班英语教师高级研修班、英语课堂教学技能与技巧研修班等，主要内容涉及英语学习策略、英语教学方法论、英语教学策略论，以促进教师、教研员的专业化发展，通过主题讨论、讲座、和上课、看课、评课为主要模式的培训，让受训教师之间形成交流平台，也充分利用了教师中大量的经验和实例，在课堂上咀嚼文化和思维的碰撞。2009年我创建了高中英语教研联盟，从以往的教师个体人际交流平台，进一步拓展为校际和区域间的教研互动平台。这些培训活动都给参加的教师带来了持久的影响。2010年起，各区县的教研员逐步独立带队，代表上海参加全国外语教学专业委员会和全国基础教育中心组织的英语教师教学观摩活动。

（1）基于实证，设计教研

在每年的区县调研和教学质量调研中，我逐步积累了一定的信息，并于2008年做了上海市中小学英语教师专业现状调查与分析报告，和2010年新农村英语教师学科教学调研问卷和分析报告，了解了一线教师的职业追求、困惑和对课堂教学的认识，对今后的教研工作提供了一定的事实依据；2010年，为配合上海市高中学业水平考试的开展，我做了上海市高中听说教学调研测试，从命题思路、评分标准、对教学的指导意见、考试的形式等多方面进行了分析研究，对一线的听说教学起到了积极的指导和促进作用。2012年起我与中心组的老师一起开发英语学科的教研工具，包括备课工具和观课工具，尝试用工具支持教研，提供教学设计的思考要素和路径，旨在帮助教师通过使用工具建立规范和标准，提高教学设计能力。

针对调研中发现的问题，2008年起我设计了系列教研活动：

自上而下，领悟学科育人价值：关注语言的文化内涵、语言的语用价值。

自下而上，落实学科课程标准：关注高中英语教学的内容与要求，把握适量、适度、适用，以读写为重点，逐步推进"悦读"、"咬文嚼词"、"落笔有声"等语言学习领域听说读写技能教学等教研主题的循环落实。

上下衔接，搭建教师专业成长的脚手架：关注教师的常规作业——教学设计的撰写;关注教师的教学基本功——以提问和表达构建课堂微循环;关注教师的听评课策略——映像课堂;关注教师的评价思想——学业水平考试实证分析;关注教师的独立反思和教师间的同伴互助——教师的学习共同体;关注师生提升文化素养——挖掘文本的文化内涵;关注学科核心能力——语言教学承载着推动学生思维成长的使命。

(2) 讲求过程,注重积累

讲究教研过程的规范,教研活动前期写策划、后期写教研案例或总结,档案积累。我引导全市教研员重视进行教研工作日常管理,提出教研组(备课组)是最日常化的工作团队,教研组长应重视教研组的常规管理、学术管理、人文管理。当教研组长管理较为薄弱时,教研员须寻找典型学校,量身定制工作流程,形成经验和常模,辐射全区教研。当区域团队缺少领军人物时,教研员须分析区域特点,搭建学习平台,提供教师强大的精神支持,保证教师的职业自信。当教研员自身寻求突破时,教研员须融合教研力量,建设团队文化,打造学科品牌。当教研探寻多元化时,学科带头人须依托学科基地,培养区域教师,延伸优质教研品质。

(3) 教研均衡,培养新人

我注重教研对象均衡,教研对象是基于不同教师层面、不同学校层面的,特别关注普通学校、农村学校、城郊结合地区的学校,持续加速他们英语学科的发展。我注重教研平台多元,搭建不同的平台和舞台促进英语教师在语言、教学、教研和研究四个方面的素养提升和发展,包括市区教研室的平台、教研联盟的平台、市学科中心组的平台等。我注重教研的文化性,鼓励教师和教研员有意识地主动学习、研究和反思,鼓励教师、教研员提炼学习心得,展示教学成就,分享成功体验,获取多元信息。

我定期组织上海市青年教师英语新教材教学展评活动,全市的高中英语学科积累了大量而丰富的教学案例,从诗歌赏析到小说阅读,从科普微探到文化启蒙,我和教师们一起体验了备课、说课、上课、评课的魅力，实践了活动设计、提问预设、即兴应变、作业布置等多种方案，探讨了课程标准、教学基本要求、学科育人价值等话题。

为使青年教师中的新秀得到持续发展，加大评选活动的持续效应，从 2008 年起，每学期的上海市中学英语学科优质课交流展示活动的活动主题从课堂教学拓展到团队对青年教师的培养作用，从教学有效性拓宽到课堂教学评价，从而使青年教师进一步夯实教学基本功，关注理论学习。

为促进青年教师的理论学习和反思，于 2010 年起，我每学期举办高中英语教研论坛，为全市的英语教师学习型队伍建设打下厚实的基础。

可喜的是，自 2008 年起，上海青年教师参加全国英语教师教学研讨观摩活动，每次都获得了全国评比一等奖。

播种与耕耘是我的工作常态，这是一种乐在其中的辛劳。在多元的实践中我不断反思，并记录了自己的学习体会，总结了一位优秀的英语教师要经历多项修炼：

总揽课程，走进课标，研究学生；
设计学程，智慧备课，高效教学；
巧用评价，育人为先，善用资源；
引导参与，语言思维，领悟文化；
深度学习，教育科研，学会分享。

三、杂边地试验

我是从教师岗位走向教研岗位的，因此特别了解学校所开展的各类课外语言活动，也理解学校需要各类活动平台来学习和交流，同时获得一种正向的肯定和指引。

二期课改特别强调外语学科要树立"大外语学科"的观念。英语教学要以语言知识和技能为基础，提高学生语言综合运用能力，优化学得过程，强化习得环境，以习促学，拓展学习时空，提高英语教学效率。必要的外语环境、气氛，丰富多彩的外语活动，都是外语"大课本"、"大课堂"建设的必要手段和必然途径。为加强全市各级学校对英语大课堂的认识，我从2005年起在初中和高中英语竞赛中都增加了文化常识板块，鼓励学生通过原著简写本的阅读积累简单的英美国家文化常识，并在口试环节尝试了故事接龙、叙写故事、点评故事情节或人物等开放性活动，激发学生的想象力和创造力。2005年至今高中英语辩论邀请赛已进行了七届，这个活动以英语辩论为载体，充分展示当代中学生的思辨能力和文化素养，鼓励中学生拓宽视野关注社会百态。

2008至2010年间，我组织了课本剧、情景剧研讨展演活动，主题分别为生活的课堂、思维的课堂、情感的课堂，目的是让中学英语教学走近经典，幸福地播种文化。2010年组织了"新思维作文比赛"引导学生开展自主阅读活动，关注奥运与健身、交通环保与能源、世博与上海形象等话题，采用写材料作文的形式检验学生英语学习实效，表达他们对上海发展的体验、感悟和憧憬，对亲情、友情的感动和感恩。

2010年9月起上海市教研室与《上海学生英文报》合作创办《上海英语教研》，记录教师成长的轨迹，目的在于开拓教师的视野，激活教师的思维，见证教师的成长，关注教师的体验，提升教师的内涵。报纸主要内容为：介绍本市举行的重大的、有引领作用的市、区、校各级教研活动；学校特色课程；各类课题研究项目；中外教师在异国学习、生活、工作过程中的文化碰撞等。

教研所传递的是思想，而思想是需要通过反复实践来理解、认同和突破的。充分的研究是指导和服务的基础，杂边地试验是教研资源的巧妙利用，是突破传统模式的尝试，是对教研转型的理性思考。试验主要针对学生综合实践活动，探索知识、能力和情感态度价值观的表现；针对教师理解语言教学，理解语言文化。

四、大地的回报

2004年进入市教研室后，我逐步从一名教师向教研员的角色转变，在关注和研究学科建设的同时，也不断地思考整体的课程建设。

在走访基层学校、开展课程调研中我获得了很多启发。

在素质教育推进和深化的过程中，二期课改从关注学科发展到关注学生的发展。课堂教学从关注教师的教学素养发展到关注学生的学习过程。当我们把重心放在学科建设和教师个人的语言素养时，可以请学科专家和培训专家设计精品的、统一的课程内容；然而当我们把重心转移到关注学生的发展时，就必须关注课程设计的个性化和选择性。因此，课程的研究、设计和管理的重心就下移到学校，即便有国家统一的课程，学校也要进行校本实施，即把一定的课时量留给了学校按照学生的特点来合理、科学地开发和实施，学校就被赋予了课程管理与开发的权利与义务，这也是二期课改的重大突破。

课程校本化实施，需要学校课程管理者的眼光和魄力，需要课程实施者的育人意识和学科素养。在上海有不少学校已从建设英语学科的特色课程走向了对学校课程结构的全局考虑和架构，使英语课程建设融入到学校课程体系之中，凸现了学校课程的整体设计与建构，课程资源的有效整合与利用等特点。我走进这些学校，参与他们的学校活动，感受到他们研究、实践和摸索的过程，体会到他们成长、成熟和收获的幸福。他们走出校园，参加市教研室组织的辩论赛、情景剧展演、故事接龙、文化阅读等活动，展现了师生的风采以及师生在新课程实践中的同步发展。例如：

资优生的英语学习：上海中学面对广大资优生群体，学校一方面创造性地实施国家批准的上海课程，另一方面也大力推进学校"课程图谱"的开发。"课程图谱"的建设不仅着眼于学生现在的学习，而且着眼于学生将来的可持续发展，构建有利于资优生志趣聚焦的学校课程体系。在学校课程的指引下，在英语课程标准的具体要求下，英语教师近年来已成功地编写出逾百本校本教材供学生选择性学习，内容涉及听说读写等各个方面，共分为知识拓展、视野开阔、解析探究和应用实践四大类型。这四类课程模块根据学习时间的长短，分为大型、中型、小型和微型课程，提升了课程开设的灵活性。

国际融合课程中的英语学习：世界外国语中学的课程实施体现了鲜明的"活动—交往"外语教学模式：课堂教学校本化；课外活动人

本化;社会实践生活化;对外交流国际化。在实践中,学校把外语教学和活动的"课堂"延伸到"社会大课堂",拓展了"活动—交往"模式研究的范围,形成全方位的立体层面,有利于丰富和拓宽学生的知识面,成为全面培养学生综合素质的有效途径。每学期我们都一起探讨创造多种机会使"学生与社会交往",培养具有世界眼、中国心的人才。

女生的英语学习课程:市三女中基于"开拓国际视野,展现女生风采"开发具有中国特色的文化和语言课程,同时借助全市教研展示的机会,研究符合女生学习特点的英语小说和诗歌的赏析等校本课程实施方案,研究批判性思维在阅读教学中的策略和方法,促使学生围绕学校课程主题轴,国际化文化浸润学习项目、女校的女性领导力研究课程等,在课堂上更好地了解世界。

引进课程中的英语学习:上师大附中自 2009 年起,他们又从英国剑桥大学引进了 SDP 课程(Skills Development Programme),这是特别针对中国学生在技能学习和综合素质方面的相对弱势,设计开发的短期技能强化课程,旨在培养中国学生的判断性思维、创新能力、独立学习和研究能力、团队精神以及交流和展示能力。课程以基因工程的问题、妇女的社会和经济地位以及网络的影响等为载体,拓展学生的国际化视野、培养学生的批判性思维、训练学生的沟通能力和企业家素质养成等。这一课程由英语教师执教,与学校"人文视野"、"文化教学"的理念相结合,既拓宽了教师的视野,也提升了学生的综合素养。

分析思考这些学校的课程建设,我深深体会到课程建设的魅力。课程是学校的生命力,课程建设是确立学校办学目标和形成学校特色的关键。课程的实施促进了整体的教师培训,也促进了学生能力的提升。而所有这些工作的着力点和增长点都是人,包括课程的设计者、管理者、执行者和学习者。

然而,学校课程领导力和执行力的提升不是一蹴而就的,这需要一个持续提高的过程。从理解课程到规划课程、实施课程、评价课程乃至完善课程,其中包括:基于实证的分析,决策的出炉,团队和资源的有效组织,以及有效的管理等。

　　我真诚地感谢已经在课程建设中取得一定经验和成果的学校，他们通过自己的实践和研究为我上了一堂堂培训课，让我受益匪浅。我也希望进一步通过学校的课程实践为全市课改向纵深发展，提供实践智慧和解决策略。

　　播种是对田野的信任和希望；耕耘是对大地的尊重和敬畏。大地不会亏欠勤劳的耕耘者。我是在教研的田野上发现了精彩的课堂、丰富的活动；睿智的教师、快乐的学生；我在教研的田野上看到了校本课程多元而规整的格局。

后记：青青叹有筠，虚心如待物

我的教学特点是：动手、动脑、动情

动手能够把事情做实。动脑能够把事情做对。动情能够把事情做
　　好、做深。

我的教研风格是：多元、包容、理性

英语学习是一种多元文化的体验，英语教师应该具有这样的学科
　　视野。

我按照教委和教研室的教育理念，关注不同层面的教师，不同层面的
　　学校。

关注教师不同层面的发展。设计多元的培训项目、规划多元培训内
　　容、采用多元的培训模式、创设多元的培训途径为全市英语教师
　　队伍建设打下厚实的基础。

包容是一种人品。包容是一种理念。包容是一种文化。

包容是无声的鼓励：在英语学习中，包容能让学生开口说出感受，能
　　让学生写出思想。

包容体现了尊重和信任，英语教材有不同版本，英语教师有不同的个
　　性，在解读课标和新教材时我们有分散的聚焦研究，也有集中的
　　博采众长，百花齐放。

包容保证了倾听和互动的效益，合作与交流的持续性。充分调动教
　　师的潜力，促进教师的合作，让老师真正参与到教学改革中。

包容打开了信息的源泉，是教研工作追求卓越的基础。

多元和包容是基于理性的思考，多元和包容也要回归理性的反思。

多元是承载梦想的船。包容是成就梦想的帆。理性是实现梦想
　　的舵。
我的梦想就是使学生通过英语学习成为面向世界、面向未来的人才。

祁承辉老师简介

祁承辉,上海市特级教师,现为上海市教委教研室小学英语教研员。曾先后获上海市小学英语"十佳青年教师"、全国优秀外语教师、上海市劳动模范、全国首届英语教学能手和全国首届外语教学名师等先进称号和荣誉。先后获得上海市小学英语教学评比一等奖、全国首届小学英语优质课竞赛一等奖、全国首届外国语学校研究会小学峰会首届优质课展评一等奖等荣誉。

2011 年 7 月起,担任虹口区教师进修学院小学英语教研员,立足本区,与区域内所有小学英语老师一起进行教学实践能力和教育科研能力方面研究和探索。论文《小学英语课堂教学策略》被评为全国第七届优质论文竞赛小学组一等奖;《辅助语言对提高小学英语课堂教学质量的影响》被评为第四届全国小学英语课程与课堂教学改革研讨会交流一等奖;另有《小学英语课堂教学中变化性攻略》等文被收录在《上海教学研究》等出版物上。2011 年 6 月,撰写的《我今天怎样教英语——小学英语教法的新建构》一书正式出版。

我的八个小故事

祁承辉

故事一："你愿意当英语课代表吗?"

　　我叫祁承辉,出生在上世纪 70 年代。在读小学三年级的时候,第一次接触了英语这门学科。虽然十岁的我没法理解当时国家在小学阶段开设英语课的历史意义,但面对簇新的课本、陌生的文字与图片、还有从未体验过的学习方式,真的好像"爱丽丝掉进了兔子洞",满是好奇和兴奋。接触英语学习一个星期后,英语老师李老师把我叫到了办公室,说:"你愿意当英语课代表吗?"当时李老师和我都没想到,就是这短短的问句影响了我日后的择业乃至人生的轨迹,它在很大程度上激起了我对英语学习的热情,也使我萌生了选择英语教师这个职业的心思。不过要承载得起课代表这一头衔,我必须得在学科上体现出表率的样子啊。于是每天我都认真跟着录音,将每一课课文模仿得惟妙惟肖;自制小纸条,将常用的单词贴在了与其意义对应的家中的每一个地方;更是尝试将老师教的英语知识和爸爸妈妈分享(尽管"教学效果"非常一般)。这"课代表"一做,就是整整十年,从小学三年级开始,到初中,再到师范学校我一直担任英语课代表。这个小小的"头衔"既是老师与同学们的信任,更是对该学科乐此不疲的原动力。

　　感谢江湾二小的李健慧老师;感谢行知中学的王美芬老师;感谢上海第二师范学校的何芷娴老师,是你们当年的鼓励与厚爱,终究让一个"英语课代表"长成了一个"英语教师";也让我把自己多年来学到、想到、悟到的英语学习的点点滴滴传递给了一批又一批的英语初学者。

故事二:"你好,Qi 老师"

我 1990 年 9 月正式成为一名小学英语教师,当时在我身上,有三个地方比较与众不同。一来,我是个男生,那个年代男教师本来就不多,小学英语男教师更是少之又少;二来,从师范学校毕业踏上工作岗位时,我才 19 岁,与执教的第一个班级的学生们年龄差距不算很大,在他(她)们眼中和心里我不仅是个新老师,更是个大哥哥;再者,"祁"这个姓比较少见,因此学生们会在交上来的英语作业本的封面"教师"一栏里写上各式各样他们认为的 Qi 老师,譬如:升旗的旗,祈祷的祈,奇怪的奇。当问起他们那么写的原因的时候,有的说:"我们语文课上还没有学到你的这个"祁"字。";有的说:"你上的英语课我觉得很稀奇,也就以为你就是姓"奇"的。";还有的说:"我很喜欢上英语课,每天都祈望能看到你,就写成了'祈'老师。"这些听上去有点幼稚的想法,真真切切地代表了那群 6—10 岁左右的孩子们的心声。

也许因为性别和年龄的原因,我在第一时间得到了孩子们的偏爱;因为乐于倾听与陪伴,也让我更容易走进孩子们的内心。我要感谢虹口区广灵路小学 1991 年毕业的五(1)班全体学生,是你们让我初尝了为人师表的满足与幸福。

故事三:"学着做一份蛋炒饭"

作为一个新进教师,在走入课堂上第一节课前,我迫切想知道:"该怎么安排教学环节?","该怎么设计教学活动?","该怎么统筹教学时间?"等,记得当时我的带教老师—虹口区广灵路小学的朱萍老师举了这么一个例子:"你会做菜吗? 如果不会但又想学,可以先从鸡蛋开始做。试试去摊鸡蛋,或者炒鸡蛋,又或者荷包蛋,还有水潽蛋,等一点点做出水平了,可以尝试换成其他食材,渐渐复杂起来"。她手把手地教会我从如何用各种方法帮助小学生操练一个个单词:用各种声调来练;用各种节奏来练;和同伴互练;与老师比赛着练;她让我从每一个教学环节模仿她的具体做法:热身、引入、复习、新授、巩固和作业布置;她还在每一次观察我的教学现场之后,一点一滴地给予了我即时反馈。在工作的第一年时间里,我开始了解并逐步尝试1)教学目标的设计,预设学生"学会什么";2)教学过程的设计,即:确立并尊重学生的主体地位,提供尽可能多的机会和条件让学生积极主动地参与学习活动,其次是重视调节和保持其积极情感在学习全程的正面作用;还要重视创设良好的充满童趣的学习氛围,营造融洽和谐的师生关系;3)教学策略的设计,即:考虑和确定每一节课的教学活动、教学方法、教学组织形式与教学时间。它能帮助我较好地解决"怎样教"的问题。

感谢朱萍老师,她既是一位小学英语教学上的智者;更是一位对后进悉心提携的导师,正是在与她朝夕相处的日子里,我在努力成长为一个关心孩子的教育工作者的同时,也初步习得了作为一个合格小学英语教师必备的技能与素质。

故事四: Well begun is half done

1991年,我获得了"虹口区青年教师教学评比一等奖",1992年获得了"虹口区五四教学评比英语学科一等奖",1995年获得了"上海市中青年教学评比英语学科一等奖",这样一次又一次的教学与展示经历也逐渐丰富和夯实了我个人在教学上的见识与风格。以1997年4月我参加"上海市首届小学英语十佳青年教师教学展示课"为例(见案例1)。我在对学生、教材、教法与学法充分分析的基础上,大胆尝试"融课堂交际活动于学生熟悉的情境"与"调动学生多感官参与学得和习得活动"的教学实践,获得了专家和广大同行的好评,也开启了追求个人教学风格的探索之路。

案例1:
Teaching content:

Look, Listen & Learn (Book I) Lesson 31

Background study and material analysis:

学生角度：《Look, Listen & Learn》对于学生而言是一套比较新的教材。
无论是编写体例，语言总量，文化内涵，都是以往学生在学习
中从未体验过的。故而，教师应当在自己熟悉的基础上，利用
丰富多彩的教具，学具以及其他一些教学辅助手段，帮助学生
尽快融入到教材所营造的英语学习的广阔天地中。三年级的
学生天真活泼，乐于接受新鲜事物的刺激，教师应尽可能地结
合所学内容，寓教于乐，寓教于情，从而使英语学习成为学生
日常生活中的一件有用的事情，愉悦的事情。

教材角度：本课是一篇篇幅较短的对话，描述了英美国家的小朋友如何利
用"猜分币"的方式进行分组的故事。在设计时，教师可以结
合小学生的兴趣点，将介绍英国的硬币(包含正面，反面)作为
引入，使学生带着高昂的学习热情，一步步进入到文本内容的
学习中去。其间，可以穿插一个个鼓励学生积极参与的游戏，
活动，譬如：猜谜，抛硬币，拔河等，使语言学习在学生多感官
参与的过程中有效地开展。

语言角度：虽然本课教学的新词(heads, tails)都属于单音节易上口的单
词，句型也是相对口语化的一般疑问句，但是教师教学设计的
目的更重要的是鼓励学生掌握其无论发音，还是释意的真实
性。教师可以示范如何在"抛硬币"的活动中，适切地学会
Heads or tails? 的语音，习得含义。还可以采用"课本剧"的方
式，帮助学生"回放"课文营造的情境，从而使语言学习的收获
更多样，更牢固。

Teaching plan:

Teaching aims:

1. Have students learn some new words and expressions of Lesson 31.

 e.g. heads, tails, etc.

2. Have students practice the sentences below:

 Heads or tails? It's heads.

3. Have students get a little familiar with the British coins.

Teaching aids:

 real objects, tape cassettes, etc.

Teaching procedures:

1. **Warming up:** *A guessing game "Who is he/she"*

   Teacher tells about some personalities of the character in the text books, have students listen and guess who he or she is.

   E.g. He is short. He has brown hair.

   > *He is naughty sometimes.*
   >
   > *(He is Sandy.)*
   >
   > *She is a teacher. She is beautiful.*
   >
   > *She finds the cap for Sandy.*
   >
   > *(She is Miss Williams)*

2. **Pre-task preparation**

   1) *Show the first two pictures of Lesson 31, have a Q&A with the students*

   > *T: Look at the pictures. Who are they?*
   >
   > *S: They're Sandy and Sue.*
   >
   > *T: What are they doing?*
   >
   > *S: They're playing games.*
   >
   > *T: Right. They're playing a game which is called, "Tossing the coin", etc.*

   2) *Show a self-made coin to the students, let them get to know the names of its both sides*

   > *a. Have students take a close look at the "fake" coin.*
   >
   > *b. Have students listen to and repeat the new words: heads, tails.*

3. **While-teaching procedures**

   1) *Encourage the students to practice the sentence, "Heads or tails?" while playing the tossing game.*

   > *a. Demonstrate how to play the game with one of the students*
   >
   > > *T: (Toss the coin) Heads or tails?*
   > >
   > > *S: Heads?*
   > >
   > > *T: It's heads./No, it's tails.*
   >
   > *b. Have students follow the sentence, "Heads or tails?"*
   >
   > *c. Have students play the game in pairs.*

   2) *Play the tape cassette of Lesson 31, have students rearrange the pictures according to the recording.*

   3) *Have students listen again and read after the tape.*

   4) *Invite some students to act out the scene of Lesson 31 after preparing.*

4. *Post-task activities*

Teacher brings a few coins from different countries to class, like the ones from U.S, England, Japan, and so on, introduce the images of both sides of the coins. Have students take a look and try to learn something new.

感谢这一节节实践与展示课;感谢这一次次锻炼与磨合的活动。使我逐步意识到:语言学习看似是一件安静的,带有一定重复性的工作。但却不乏"动态"的、"创造性"的特点。对于小学生而言,全身性的参与活动会使他们有更多热情,更多耐心去接受无论知识还是技能的传授。同时鼓励他们积极思维,并提供一定的交流时空,这样的语言学习势必有趣,有效。

故事五:"珠海的 24 小时"

2000 年 11 月,我作为上海的唯一教师代表,参加了在广东省珠海市举行的"全国首届小学英语优质课竞赛"。作为第一次全国范围内举行的小学英语竞赛无论是活动规模、活动组织和活动影响在当时是空前的。竞赛规定:参赛选手需提前 24 小时抽取参赛课题和上课顺序;然后马上开始教学设计和资源准备。记得整个上海团队,包括市教研员、几十名各区教研员以及部分教师代表在我抽取了教学主题后的第一时间,汇聚到所在酒店的房间内,开始了你一言我一语的头脑风暴;有的主张以"问题导向",引导学生逐步沉浸在对话的核心内容中;有的建议结合师生信息差,鼓励学生主动探究新语言和新技能;还有的结合教学需要,马上去购置和准备相关素材,在这场争分夺秒的"攻坚战"中,一屋子的上海小学英语界的精英们群策群力,在教学思路与教学实施上都给了我非常大的帮助。经过整整十个小时硬件和软件的准备,我走上了珠海影剧院的舞台,向来自全国各地的几千名小学英语人展示我们对小学英语课堂教学最新的思考和实践。在演绎"Asking the way"这一教学主题的三十分钟里,我通过"趋向真实交际的教学设计","以学生为主体的活动安排"以及自身良好的教学素养,赢得了参会的专家和同行们的一致好评,大赛评委在对本课的点评中是这样写的:1.教师以自己来自上海和对珠海不熟悉为由,请学生介绍当地的名胜,由此自然而巧妙地展开本课的话题,使课堂教学从一开始就进入真实的交际场景,形成活跃的课堂气氛。同时也使课文对话变成实际交流中的表达和交流需求。2.教师安排了多样的学生活动,其中有个人、两人、小组和全班性的,有教师指导性的,也有需学生独立或合作完成的。活动均有明确的目标与要求,并能够安排在一定的语境和情景中进行,突出了培养学生用英语做事情和用英语进行交流的能力,体现了交际语言教学的思想。3.教师体现出良好的教学语言表达能力,语音、语调自然,清晰,强调适度;同时教师的形体语言在教学中运用相当出色,能够吸引学生的注意力,辅助教学效果突出;还有一个特点是学生思维活跃,课堂教学容量较大;教学节奏掌握得当。

感谢市教研员朱浦老师;感谢各区教研员施嘉平老师、车建琴老师、张小莉老师、叶建军老师、陈李明老师等;感谢教师代表朱文婕、朱虹、徐妍等,帮助我第一次走向了全国小学英语教学的平台;也激起了我更深层次思考和解决教学中实际问题的欲望与热情。

故事六: Are you smarter than the third graders?

进入到二十一世纪,我有机会参加了各级范围的培训及国内外进修,开始在学习和实践的过程中愈加关注课堂教学中"语言与文化"的紧密联系,鼓励学生在习得语言的同时感受文化的无形力量,从而使课堂更多洋溢着人文情趣;同时,我在与学科专家与各地同行的不断交流中,更多体会出当下小学英语教学的发展目标,简单来说就是"成功的语言教学,应该是有声的,有形的,有景的,有情的",基于此,我尝试在自己的课堂教学中"留声,塑形,置景,存情"。以2008年4月我受邀参加"第四届浙派名师教学展示"所作的课堂教学为例(见案例2)我针对不同地区学生存在着的差异,有意识采取"整合教学内容、调整教学进度、充实教学素材、改变教学方法"的策略,取得了较好的教学效果。

案例2

Teaching Content:

Oxford English (Shanghai Edition) 3B Module 2

Unit 1 Animals I like

Background study and material analysis:

学生角度：由于本堂课的教学对象是来自外省市的三年级学生，考虑到起始英语学习的时间和教学进度及日常教师采取教学策略的差异性，因此在设计时我尽可能多地是把教学内容作为"主题活动"承载下的一部分有效信息，从而体现课改背景下的新课堂教学形式。

教材角度：1）原有文本材料仅仅是以一般疑问句 Do you like …? 及其肯定和否定回答来解决学生"表达喜好"的语句，我大胆地将当前比较热门的益智类节目"Are you smarter than a fifth grader"（"你比一个五年级小学生聪明吗?"）作为承载和合理扩充教学内容的平台，使语言教学的内涵和外延都得到了极大的丰富。

2）考虑到原有文本材料中出现的动物名词，譬如：tiger，lion 等学生已在前阶段学习中接触，故而结合"北京奥运会"这一本年度热点，输入 swallow（燕子），panda（熊猫），Tibet Antelope（藏羚羊）等，将词汇的学习和句型结合，词汇学习和文化融合。

语言角度：帮助学生除了较好完成预设的课内语言目标之外，还应尽可能地在老师营造的相关情境中，自由地，大胆地与现场的其他学习者(包括同学，听课教师等)进行信息交换等的交际活动，从而初步达到语言知识和交际能力的同步提高。

Teaching plan:

Teaching aims:

1) *Have students identify animals and use "Q &A" to express interests.*

   e.g. Do you like monkeys? Yes, I like monkeys.

2) *Have students revise and exchange various information with others.*

   e.g. The mascot of Beijing Olympic Games is Fuwa.

3) *Have students realize the intimate relationship between the animals and our humans and get them to love the nature.*

Teaching aids:

   Multi-media; tape-recorder; work sheets, etc.

Teaching plan:

1. *Warming up:*

   Show a set of pictures of some rare animals around the world.

2. *Pre-task preparation:*

   1) Encourage the students to give a brief self-introduction.

   2) Reveal the name of the teacher today by saying, : My English name is a little bit special. It is VNP. Actually it stands for three individual words, "Very New Person".

   3) Give the teachers who are sitting around the students a new name "VIP", and have students recognize its meaning. (Very Important Person)

3. *While-teaching procedures:*

   1) Organize an activity named "Are you smarter than the third Grader" between the teachers and the students.

      a. Announce the regulations.

      b. Select the participants (teacher)

      c. Develop the activity with the following items:

         Music, arts, math, Chinese, sports, etc.

   2) Help students to get familiar with Fuwa through watching the video clip about the mascots.

      a. Elicit the new word "mascot"

      b. Practice the four specific animals as follows:

         panda, swallow, fish, Tibetan-antelope, etc.

      c. Practice the questions and answers below:

         Do you like swallows? Yes, I do./No, I don't.

      d. Practice the chant about the mascots

4. *Post-task activities*

   Raise the students' awareness of protecting the nature.

      a. Watch the relevant charts which showcase the current situation about the rare animals.

      b. Ask for some advice from the teacher.

      c. Have a group discussion and try to write down the opinions.

感谢"Are You Smarter Than a Fifth Grader"这一美国收视率极高的电视节目给我设计这堂课的教学灵感;更要感谢这种突破常规

的教学设计思路对于我个人进一步认识和履行"教学相长"这一概念有了重大的帮助。看到课堂上三年级的学生敢于挑战教师,乐于分享相关的知识和信息,勇于接受新语言,他们的收获远远超出了三十五分钟课堂的局限的时候,我充分感受到了语言素养、人文情怀、视野胸怀等对于教师自身不断发展所起到的至关重要的作用,也更坚定了我不断学习和不断实践的信念。

故事七:"从祁老师到祁组长"

在 2000 年到 2011 年间,作为英语教师,我先后获得了全国优秀外语教师、全国首届外语教学能手以及全国首届外语名师等荣誉称号;先后获得全国首届小学英语优质课竞赛一等奖、全国首届小学英语教师技能大赛"微型教学"与"英语歌曲"两个项目一等奖以及全国首届外国语小学峰会课堂教学展评一等奖等教学奖项。所撰写的《辅助语言对提高小学英语课堂教学质量的影响》、《小学英语课堂教学攻略》也荣获了全国相关英语论文评比的一等奖;另有《小学英语提问式教学》、《Drama Activities in elementary school English teaching》等论文发表于有关刊物;也参与了二期课改《牛津英语》(上海版)的改编工作。

自 2001 年开始,我担任所在学校英语教研组组长、分管教导等职,上外附小(前身贝贝英语小学)及英语教研组曾分别被授予上海市首批双语实验学校和上海市优秀教研组称号。并先后涌现出了潘俊卿、汤丽琴、邢洁、奚敏、汤慧之、周嘉蓓、石彦浩、霍白露、胡纯婴等一批荣获上海市教学评比一等奖的青年教师。2004 年开始,我还有机会把自己的教学经验带到了全市各区,以及江苏太仓、浙江绍兴和杭州、四川成都、广东深圳等地,在指导和陪伴老师们共同成长的过程中,我通过自身十几年的教育教学亲身经历和得失,以课堂教学为合作平台,以互动探讨为合作方式,以学生学习利益为合作目标,以教师专业发展为合作宗旨,引领越来越多的青年教师加入到立志于开创小学英语新天地的队伍中来,同时,组内的教师以及后期以"名师工作室"和"区域内外带教项目"名义合作的教师们也在一起工作的过程中感受和收获了小学英语课堂教学和教师发展的核心所在。有的老师说："祁老师在带教和培训时，以他幽默的语言和这么多年的经验积累，演绎着自身冷静沉着面对各种各样的问题和情况的策略，那就是那么不慌不忙，理智地站在问题外看问题，解决问题"；有的老师说："我从祁老师身上深切感受到了五个字，即：无招胜有招。当然，他可不是真的无招。他的招是最强大的招：超强的语言素养和教学基本功以及在此基础上建立的个人魅力。"

感谢学校、市、区教研部门提供了我更广阔的空间将自身的教学心得与同行分享；感谢青年教师们帮助我有了不断思考与实践的动力。无论是祁老师，还是祁组长，我在做的一直是一件看似普通却绝不简单的事，那就是：上好每一节小学英语课。

故事八：教得幸福

仔细看看这四个字，在刚工作那会，我会念成"教，得幸福"，因为教书育人是我赖以生存的职业，从中我也初步感受到了幸福；到了现在，我会念成"教得，幸福"，因为在二十七年教学和教研的过程中，我一直体验着这份事业和工作对象带给我的幸福。

一位专家说："祁承辉老师的课堂教学已形成了较有影响的风格：强调真实交际的教学设计、以学生为主体的活动安排、有效的语言任务训练方式、关注教学过程中的情意调控。祁承辉老师的英语课堂教学，打破了传统的孤立式句型教学、单词教学的陈规，将异国文化、生活习俗、儿童游戏等引进课堂，渗透在课堂交流中，运用在课堂活动中，体现了新英语课堂教学的时空性，极大地激发了学生的学习兴趣，他们都充满自信，主动地参与到课内外的活动中。最终，他们将有幸成为英语新课程的真正受益者。"

一位同行说："祁承辉老师自身漂亮的口语让我像听课的孩子一样，在不知不觉中度过了几十分钟时间；祁老师在课堂教学上的胆大创新更让人感受到了教育改革开拓者的勇气与魄力。"

一位家长说："祁老师，就是因为你当初的领进门和悉心指导，现在我的孩子已经成了整个上海，乃至全国中学生阶段英语演讲的翘楚。"因为在近半年时间里,这女孩包揽了全国三个中学生英语演讲比赛的特等奖。

一个学生在出国前夕特地托她母亲送来一张贺卡,上面写的是:"一直没有联系到您,想告诉您,我之所以今天有能力选择申请美国的大学的奖学金,很大一部分原因是当初就是你让我和其他小朋友真正感受到了英语这门学科所包含的极大魅力和乐趣,时至今日我们都还清晰地记得您教的每一首英语歌曲,说的每一个英语小笑话,帮我们排的每一个英语小品,谢谢您,祁老师!"

我想:是当年的这份真实化成了一种看似平静但内里却蕴含了深情厚谊的体验,也是这种持续不断的体验让我坚定了选择和继续这份事业。

岁月真的会带走很多东西,所以人们学会了怀念。算一算自己工作到今天已超过了二十七年,很庆幸,我仍然在从事自己喜欢的事业,仍然坚持着。虽然坚持不一定成功,但坚持本身就是成功!

朱萍老师简介

朱萍,上海市世界外国语中学教导副主任,英语教研组组长,英语特级教师,正高级教师,教育部"国培计划"示范性教师工作坊高端研修项目主持,市团队发展计划英语写作团队主持人,中小学外语教学专业委员会常务理事。市普教系统名师培养基地中学英语三组指导专家,市二期课改初中《英语(牛津上海版)试用本》教材修改研究评价阶段专家,华师大教育硕士生导师。

曾获全国中学英语教学观摩研讨会一等奖和市中青年教师教学评比一等奖。曾获全国模范教师、全国教育系统巾帼建功标兵、全国中小学外语名师和市园丁奖。2014 年 11 月作为上海市第一位特级教师举办"讲台上的名师"上海基础教育名师教学展示与教学论坛专场。2016 年入选"全国万人计划百名名师"。

一辈子乐做教师

朱　萍

学习经历

我 1984 年到 1987 年就读上海市行知中学，1987 年保送上海市安亭师范专科学校，1990 年推荐免试入上海师范专科学校，两年后毕业。1997 年参加成人高考考取华师大继续教育学院，边工作边学习，三年后获得本科文凭。

我从小受小学班主任兼语文老师蒋正兴老师的影响，特别喜欢语文，爱读唐诗宋词，特别是唐宋词小令，还会自己学着根据词牌按律填词，虽不得法，但乐此不疲，因此养成了读写的习惯，之后没想到也助力我的英语学习。

回忆在校时光，最受益的是在安亭师范的三年。安师通过特长考试，把入校学生分成了艺术班、体育班、英语班和综合班。学生有机会修炼自己的爱好和特长，于是琴房琴声悠扬，操场英姿飒爽，而我们英语班的学生也不甘示弱，天蒙蒙亮就在校园的湖边或树林里大声读英语、背英语了。我们当时学的是新概念的第二和第三册，教我们的班主任兼英语老师顾文华老师没有对我们进行语法和练习的狂轰滥炸，而是引导我们通过朗读、理解和运用培养语感。还记得顾老师教我们用打字机，我现在能够在电脑上盲打就是当时练出来的。安师还有每年一度的朗诵比赛、演讲比赛和书法大赛，我记得这些比赛我都参加了，而且都得了奖。这些活动让我的学习生涯充满趣味，而且在活动中锻炼出来的胆量和自信让我在十多年后全市以及全国比赛和展示中从容镇定、应变灵活。

另外一位让我终生难忘的恩师是来自美国的资深英语教师Phyllis Lober。2003年我和我的同事一起参加徐汇区教育学院办的暑期英语教师培训班，当时Phyllis是最严厉的一位教师：上课每人必须发言，每天都有写作作业，每人都必须上台演讲，还要完成自评和他评任务。正是她的专业和敬业、她的严格和高效让我们感受到学英语和教英语的魅力。我记得当时就立志要向Phyllis一样，成为一个能让学生受益一生的英语老师。

在英语学习上进步最大的一段时期是1999年7月到2000年6月。学校推荐我参加AFS国际文化交流组织安排的项目，我作为上海派出的老师在美国纽约州首府Albany的学校交流一年。我主要在Schenectady的Howe International Magnet School交流，同时也访问当地和缅因州的一些初中和高中。无论在学校还是在住家，我积极地交流和学习，感受当地风土人情，同时也传播中国文化。由于这种浸润式的学习，我的英语综合能力有了跨越式的提高，我也对美国文化和教育有了深入了解。

教学经历

我92年毕业后分配进了上海市大场中学做英语老师和班主任。当时我只比学生大六岁，和孩子打成一片，一起学习一起玩。我还记得带着全班学生为庆祝某个节日在班里一起包饺子，包好请食堂阿姨帮忙煮，中午在班里一起大快朵颐时的快乐。也记得为帮助一位留了一级的孩子重拾信心，让他担任小队长，并帮我一起组织班级活动，看着他受到班里同学的尊重和爱戴时的欣慰。那两年我教的是老版的全日制初中英语教材，初上讲台的我没什么教学理念和经验，但让学生喜欢我的课是我的目标。于是，我在课上又是教儿歌，又是画简笔画，用尽浑身解数帮助学生理解文章、单词和语法。我两个班学生的英语成绩在年级领先，由此第二年祁珥城校长就给我低评高聘的奖励。94年我结婚嫁到了徐汇区，惜别了教了两年的学生，至今遗憾未能带他们到毕业。现在这批学生也要将近四十岁了，只能遥祝他们一切都好。

回想 92 年年初登讲台，心中只有一个朴素的梦想：上好每一节课，做个好老师。25 年的从教经历，更让我坚定了信念：作为一名教师，认真对待教学，用心培养学生是我们最基本的责任。作为一名普教系统的初中英语教师，我的主阵地就是我的英语课堂，我应该为之倾注心血和热忱。

于是，我一直在思考如何更好地将教学当做是一门艺术，不断吸引和激励学生，不仅让学生学到知识，而且让学生学得快乐，通过英语学习让学生学会交流，学会思考，帮助学生实现走向世界的梦想。在此同时，我也得到成长。多年的教学经历告诉我在教学中自我成长，以下几点必不可少。

(一) 潜心研究，精心创设精彩课堂

我认为课堂上的一切教学言行，甚至每一个细小环节的处理，都是在为学生能获得尽可能大的发展而服务。为培养出爱学、会学、善于运用英语的学生，多年来，我一直研究如何以高效课堂为基础，追求精彩课堂。二十多年来，再忙再累，我从不懈怠，精心备好每一节课，通过实践体验、互动交流、人文渗透，想尽办法激发学生学英语的兴趣。

记得有一次上牛津课，我捧着试管、大口杯，将实验带入课堂，教学生关于容量和其增减换算的句型。通过这样的实践，我发现：直观教学比笔头翻译更能加深学生印象。在生动的课堂教学中，学生的学习过程变得轻松愉悦。我的课堂上有脑筋急转弯，有谜语绕口令，有游戏比赛，还有情景模拟。互动、体验、感悟式的教学造就了课堂内外无数个精彩瞬间。

英语是沟通交流的工具，所以我非常重视让学生养成英语思维与交流的习惯，为了培养这样的习惯，我自己成了最好的媒介。课堂上，我尽量和学生多交流，我们既谈论天下大事，也探讨如何交友、上网、旅游等学生们普遍感兴趣的问题，在说说笑笑中掌握重点难点。当我读到一篇介绍英语教育专家许国璋教授学习经历的文章，我就

迫不及待地和学生们分享,我们共同被许教授惊人的学习毅力所感染;教"渔夫用鱼鹰捕鱼"一课时,我和学生一起讨论中国传统文化受外来文化冲击的利与弊;美国姐妹校来访,我组织中美学生讨论"英雄的定义,我眼中的英雄"……记得有些风和日丽的下午,我还会"犒劳"一下学生,带他们在草地上上课,虽然周边会有喧闹,但我和我的学生只沉浸在我们的英语世界里,他们的神情是那么得专注而投入,我知道,我将学生们领进了门,他们正成为自觉而执著的英语学习者,此刻,他们正享受着学英语的快乐。

享受快乐的还有我,每次走进课堂,缕缕春意拂面而来,犹如是去和老朋友重逢般地开心,即使我身体不舒服,或心情烦躁,但只要一踏进那让我倾心的课堂,我就像被魔法棒点过似的精神百倍,我享受着学生和课堂给我带来的快乐。

为了培养学生的英语综合能力,我还带领我校英语组精心设计各种英语课外活动,为学生搭建一系列舞台:"英语游园会"、"英语才艺展示"、英语配音比赛、"才富大考场"、"辩论赛"、"原创小品比赛"、"英语读书会"等,无数个生动活泼的活动激发学生的学习热情,大大扩展了学生的英语学习时空……

(二) 直面压力,迎接挑战提升能力

作为一名世外中学的教师,压力始终存在。作为英语教学特色学校特色学科的组长,我一直承受着个人发展,团队建设和学校国际化创建的巨大压力。但是,回首各种挑战,我深知压力更是促使我不断进步的源动力,唯有积极承受压力,才能直面挑战,促使自己更快成长。

1. 个人发展,不懈学习

与现在的诸多大学毕业生相比,我的起始学历水平不高,大专,但为了适应学校外语教学发展的需求,我不满足原有的知识水平,通过成人高考进入华师大完成半日制本科学习。罗佩明校长也给了我许多学习提升的机会,如推荐我参加 AFS 全球教师交流项目赴美学习和派我去澳大利亚的姐妹校交流等。从校内到校外、从国内到国

外,我不断加强自己的语言能力综合素养的提升。工夫不负有心人,2005 年,从未读过雅思班的我雅思考了 8 分,其中听力和阅读均拿了满分 9 分。我坚信:只有博学博识的老师才能为学生打开通往世界的大门。

2. 应对任务,享受过程

伴随着日常繁忙的教学工作,总是会有不少让人紧张的机遇突然降临。面对艰巨的任务,我选择的是积极应对。记得 2003 年 11 月,第 9 届联合国教科文组织国际教育研讨会在徐汇区召开,罗佩明校长推荐我向百名中外教育专家开设展示课。在会场台上,我带着我的全班学生成功展示具有世外中学特色的英语教学,得到了专家们的肯定和赞扬。

又记得 2002 年 5 月,我接到紧急任务:让我马上组织 4 名我校初二年级的学生组成辩论队,挑战市英语教师辩论队,并说是当场抽签,决定正、反方。时间紧、任务重,但是面对挑战,我和学生都觉得很兴奋。于是,我与学生们并肩战斗着:或准备论点论据,或修改陈词和总结,夜幕降临,可小教室里我和学生还在挑灯夜战。经过一周紧张的集训,最终在市中小学生英语能力展示会上,我们 4 位 14 岁学生辩手完胜上海市英语教师辩论队。学生们脸上写满了自豪,而我也更理解和体会了赵宪初老先生所说的"终日忙忙,不甘碌碌;常年辛辛,不觉苦苦。"

3. 接受挑战,磨砺成长

由于自身的准备和积极的心态,我成功迎接教学生涯中的三次重要挑战,不断地丰富提升自己。

第一次挑战就开创了上海市同课异构先例:2007 年 3 月,我代表何亚男老师名师基地的学员和英孚教育机构的专职教师 Diederik 老师展了激烈的 PK。规则是:我们分别借市三女中初一的班级,用相同的教学内容,进行中外教师课堂教学"同课异构"比较研究公开教学。刚接到任务时,我心里忐忑不安。因为我习惯上小班课,习惯于世外学生,习惯用世外的校本教材,现在种种习惯将改变……而且，和我 PK 的外籍教师英语是他的母语，又是英孚教育机构的资深教师……让我欣慰的是，在何老师和团队成员的帮助下，这次公开课成了一次美妙的交流学习经历。我的教学很成功，和初次见面的市三女中学生配合默契，有位女生还在最后小组展示时情不自禁给了我一个拥抱。观摩外籍教师的课也给我带来莫大的启迪，中外教学的异同触发我更多的思考和更强烈的学习研究兴趣。

第二次任务更艰巨：2007 年 11 月，我代表上海，参加第 7 届全国教学观摩研讨会的优质课评比。10 月接到任务，初选顺利通过，11 月赴南京参加决赛。席时亨副校长为我精心安排了模拟教学。模拟教学期间，我两次执教外校学生都不顺手。但是，我并没有气馁，关键时刻，再次发挥我的抗压能力。在何亚男、朱浦、汤青、沃振华等导师的指导下，我充分发挥自己善于和学生互动交流的特长，精心完成了教学设计，做好了南京之行的准备。

比赛在南京体育馆，全场座无虚席，我站在两千多位观摩教师和诸位国内英语教育专家面前，面对只在赛前有十分钟互动的南京学生，紧张感如潮水般涌来。但回首看到观众席上庞大的上海后援团的方阵，二百多位专家和老师的鼓励手势，我鼓足勇气和信心，撇开杂念，带着南京的学生们走进英语学习的世界，整个教学一气呵成、完美呈现。那一刻，在赛场上，我轻松愉悦，不再身负重压，因为我感受到教学生"悦读"带来的乐趣。我毫无争议地获得全国一等奖和最佳教学设计奖。

2009 年，我"多元互动"的教学风格和理念得到了专家和评委的认可，获得了特级教师和全国模范教师的荣誉。

第三次挑战就在 2014 年 11 月，为打造具有全国影响力的海派教师群体，市教委联合市教师学研究会和市中小幼教师奖励基金会举办"讲台上的名师—上海基础教育教学展示和教学论坛"，我被选为第一位展示的特级教师。

本次活动对我是又一次全方位的考验，不仅需要教学上过得硬，更需要我在教学思想上有一定高度。在朱浦、顾立宁、何亚男、施志红、汤青、赵尚华等市教育教学专家和学校团队的帮助下，我对我"多元互动"的教学风格进行进一步的提炼和提升，结合上海新课标和学校目标，形成"多元互动、语用体验、思维发展、学习自治"的教学理念并展开阐述。在展示课的准备中，我将此项任务打造成全教研组"活力课堂"的校本培训活动，邀请所有组员挑刺。怀着学习交流之心的我又一次站在了济济一堂的体育馆里，在讲台上享受和学生交流，和同行分享的乐趣。

"讲台上的名师"展示在 2014 年 11 月 26 日获得圆满成功，我还有幸结识了共同展示的杭外特级教师胡跃波老师。

（三）角色转变，化作春泥更护花

我的成长离不开团队的扶持、导师的指导，而最好的回馈就是将自己的经验所得与更多的青年教师分享，帮助他们更好地成长。

2006 年我带领世外中学英语组获上海市三八红旗集体，2007 年再获上海市学习型团队和全国外语教研工作示范教研组。2009 年主持徐汇区初中英语学科基地，我和整个团队帮助学员章奕老师获得第 9 届全国教学观摩研讨会教学评比一等奖。还是庞大的体育馆，还是上千的观众，虽然这次我在台后，还是怀着同样紧张的心情，看到章老师上课成功后还是同样的兴奋和激动。2010 年在何老师等专家的鼓励和支持下，我带着徐汇区英语学科基地和名师工作室两个团队一起将针对初中英语阅读教学的思考和实践成果付诸笔下，共同撰写了《初中英语阅读教学设计研究》，于 2012 年 6 月份出版。

目前我又带着"国培项目"示范性教师高端研修项目工作坊、世外中学初中英语写作研修团队和区名师工作室的伙伴投入到初中过程性写作教学的研究中，经过两年多的努力，编写了《初中生英语写作指南》，于 2017 年 1 月出版。写作研修团队也被选为全市团队发展项目的代表做市级层面项目成果汇报。

不过，最令我自豪的还是我的学生们。他们对英语学习充满兴趣，许多孩子拿了全市甚至全国的英语比赛大奖。从世外毕业后，有的在高中钻研翻译出版了书，有的在模拟联合国活动中获最佳代表，有的回母校成为优秀的教师，还有不少走出国门求学发展，演绎精彩人生，而英语能力使他们如虎添翼……对一名英语教师来说，最大的幸福和自豪，莫过于看到我们的学生能娴熟而自如地与外国友人交流，与世界对话。

在教学的同时，我也不忘给自己充电。我们普教教师特别是教了十年以上的教师，会产生职业倦怠，而作为英语教师，语言素养更容易不进则退。如果一直埋头在试卷中，很容易变成知识匮乏、思想陈旧和语言乏味的人。我们带着不学习不思考的头脑走进课堂，如何能真正地感染学生、更好地培养学生？我爱阅读，不仅读教学理论书籍，更爱读原版小说，经典的流行的都爱。每个寒暑假，我沉浸于书香之中，既阅读畅销的《灿烂千阳》、《饥饿游戏》和《龙纹身的女孩》，也重温经典的《傲慢与偏见》、《1984》和《伟大的盖茨比》等。我的爱好也影响着我的学生，我现在教的学生大多养成了读青少年原版读物的习惯，和我讨论情节和人物时也会两眼发光，让我深感欣慰。

想起于漪老师的一句话：一辈子做教师，一辈子学做教师。品味着从教幸福的我想再补充一句：一辈子乐做教师。